梦山书系

教育家的现实情怀

教育家如何评课

林高明 | 编著

海峡出版发行集团 | 福建教育出版社

图书在版编目（CIP）数据

教育家如何评课/林高明编著. —福州：福建教育出版社，2018.7（2020.11重印）
（教育家的现实情怀）
ISBN 978-7-5334-8155-1

Ⅰ. ①教… Ⅱ. ①林… Ⅲ. ①课堂教学—教学研究 Ⅳ. ①G424.21

中国版本图书馆 CIP 数据核字（2018）第 112727 号

教育家的现实情怀
Jiaoyujia Ruhe Pingke
教育家如何评课
林高明　编著

出版发行	福建教育出版社
	（福州市梦山路 27 号　邮编：350025　网址：www.fep.com.cn
	编辑部电话：0591-83726908
	发行部电话：0591-83721876　87115073　010-62027445）
出 版 人	江金辉
印　　刷	福建东南彩色印刷有限公司
	（福州市金山工业区　邮编：350002）
开　　本	710 毫米×1000 毫米　1/16
印　　张	13.5
字　　数	180 千字
插　　页	1
版　　次	2018 年 7 月第 1 版　2020 年 11 月第 3 次印刷
书　　号	ISBN 978-7-5334-8155-1
定　　价	32.00 元

如发现本书印装质量问题，请向本社出版科（电话：0591-83726019）调换。

目 录

自序 让教育家为我们的课堂助力
　　——关于教育名著阅读的感悟 …………………………………… 1

一、蒙台梭利

简洁、明白、客观——蒙台梭利的课堂评议（一）………… 3
走向独立与自主的儿童——蒙台梭利的课堂评议（二）………… 10
让安静导引心灵的秩序——蒙台梭利的课堂评议（三）………… 16

二、杜威

"做中学"——杜威的课堂评议 ………………………………… 27

三、陶行知

教学做合一——陶行知的课堂评议 …………………………… 37

四、陈鹤琴

追求"活"的教育——陈鹤琴的课堂评议 …………………… 47

五、赞科夫

儿童沸腾的精神生活——赞科夫的课堂评议 ……………… 59

六、苏霍姆林斯基

要思考，不要死记硬背——苏霍姆林斯基的课堂评议（一）…… 71
教育，生命的"觉醒"——苏霍姆林斯基的课堂评议（二）…… 76
阅读给儿童带来怎样的力量？——苏霍姆林斯基的课堂评议（三）
……………………………………………………………………… 87
越研究，越明白——苏霍姆林斯基的课堂评议（四）…………… 96

七、阿莫纳什维利

评价就意味着创造——阿莫纳什维利的课堂评议（一）………… 109
领受阅读的欣悦与深刻——阿莫纳什维利的课堂评议（二）…… 115
让儿童学会独立思维——阿莫纳什维利的课堂评议（三）……… 127

八、斯滕伯格

培养聪明的学习者——斯滕伯格的课堂评议 ……………… 139

九、马克斯·范梅南

追求教育性理解——马克斯·范梅南的课堂评议（一） ……… 153
教育智慧的意蕴——马克斯·范梅南的课堂评议（二） ……… 159
此时无声胜有声——马克斯·范梅南的课堂评议（三） ……… 167
机智促进孩子的学习和个性成长——马克斯·范梅南的课堂评议（四）
……… 175

十、佐藤学

倾听着的教育——佐藤学的课堂评议（一） …………… 187
建构以"学"为中心的课堂——佐藤学的课堂评议（二） …… 193

自序

让教育家为我们的课堂助力
——关于教育名著阅读的感悟

林高明

时代的变化,呼啸而过,甚至我们还未驻足观望,所有思想被碾压得七零八落、支离破碎。在"互联网+"的年月中,什么是可以把握的呢?对于未来的教育,我们惊惶未定地悬想着,但是未来是怎样的一副面貌呢?未来的课堂又是怎样的一幅场景呢?

是不是真如20世纪初布尔柳克和马雅可夫斯基等未来派作家宣称的,要把普希金和陀思妥耶夫斯基、托尔斯泰一起"从现代生活的轮船上扔下去"?抛弃历史、抛弃文化、抛弃传统、抛弃既有的一切?

大数据时代也许一切都可以被改写,一切都可以重新创造,教育可能会翻天覆地、一日千里地发展,然而教育及人性中根本的"真善美"的追求是"变"中之"不变"。如果不深刻理解与持守这一常识,所有的教育教学改革都可能走向反教育、反生命、反人性。

在教育技术及传媒"大变动、大颠覆、大激荡"的时势中,如何做一个迷茫时代的明白人,或许需要回到教育历史深处,回到教育家的智慧的深处,去眺望、去探询、去浸染——"用历史照亮现在,让历史启示未来"。

十多年前,我曾突发异想,我能不能去研究一下古今中外的教育家们到底是怎么来观察课堂、诊断课堂、分析课堂、评议课堂的?当时,限于资料等条件无力展开,尤其重要的是限于自己对于课堂的理解力无法拓展。历经十多年的教育阅读及课堂观察,渐渐地,我对于教育史上富有实践性、创造性的教育家了解得更多、更熟、更深了,同时,自己多年坚持课堂观察和评议,与许许多多的校长、教师、教研员交流对话,在不断的探讨中,对于课堂分析渐有所得、有所悟⋯⋯

由于家中诸多杂事羁绊,原本不喜热闹的我,像冬眠的刺猬,将自己收缩成一团,窝在家里。于是,便有了更多的时间来思考十多年来念念不忘的所谓的"专题研究"——中外教育家的上课、观课、评课的思想与实践。

当我以无比强烈的冲动来重读诸多教育家的著作时,一种无与伦比的兴奋与喜悦涌上心头——我深刻地意识到,这是一项非常值得开启的阅读,是一项非常有意义的沉潜。生命的沉潜,必须回到文化的经典与核心之中,才能重获母乳般的滋育。

教育经典的阅读给每位教育者带来的影响是不可低估的,甚至可以说是融入血液与灵魂的。苏联著名教育家阿莫纳什维利曾深有体会地说:"拿我来说,我是一个普通的苏联教师,但我还是要对自己说:让我以这些思想家的名义与我的孩子们一起演奏一下我们的教育乐曲,只是要真实地、认真地演奏。我设想,这些教育家都坐在我们教室的后排,仔细地听我的课,观察我与孩子们的交往,以便随后向我指出,我还应该怎样提高自己。最后,他们还会劝导我要相信,我的所有学生都能成为天才和杰出的人物,培养他们成为这样的人取决于我,完完全全取决于我⋯⋯因为我的热情奋发将感染他们每一个人,就像戈格巴什维利和苏霍姆林斯基的激情感染了我一样。"

于我而言,在如痴如醉的教育阅读中,我读到了极其丰富的教育的意蕴、课堂的意蕴。我从古今中外的教育家的著作中发现，不少教育家从实践中来，到理论中去，又回到实践中做。他们用自己智慧的行动及行动的智慧昭示了教育教学的魅力与奥妙。正是从这些"知行合一"的教育家的著作中，我们可以清晰地感受到教育的情怀、思想、技法及艺术如何融会贯通、水乳交融地促进儿童的成长。从蒙台梭利著作中发现童年的秘密，要塑造儿童有吸收力的心灵，培养儿童的内在秩序，教师的教学要做到"简洁、明白、客观"；从杜威的著作中我们可探触到"做中学"的课堂意义；从陶行知、陈鹤琴的著作中，我们可以领略生活教育的广阔天地；从赞科夫的著作中，我们可以感受到儿童沸腾的精神生活；从苏霍姆林斯基的著作中，我们可以读透，儿童是如何在课堂中获得思维、心灵及生命的觉醒；从阿莫纳什维利的著作中，我们可以沉醉于其创意迭出的课堂生活及温暖的人性；从斯腾伯格的著作中，我们可以探索培养聪明的学习者的诸多策略；从马克斯·范梅南的著作中，我们可以追求教育性理解并探寻教育智慧的奥秘；从佐藤学的著作中，我们可以学习倾听，努力建构以"学"为中心的课堂……教育名著的课堂世界，其中有无穷意味，让人无尽受用。

其实，所谓的教育经典阅读，笨拙的我已持续了20多年了。从昏头昏脑逐字逐句地读到渐渐略有所得，这其中我终于悟出了我故去多年的爷爷生前经常说的一句话："青石头浸久了也会长苔。"也许，我就是顽石一块，在诸多教育家的文字中浸染，我这块石头或许无法开花，但至少可以期待"长苔"。我所有的断断续续的思考与零零散散的文字，都是青石头上长出的一些"青苔"，包括这本书。

不敢奢望"苔痕上阶绿，草色入帘青"，且继续怀抱"应怜屐齿印苍苔"，到教育名家的世界中去"小叩柴扉"，不管开还是不开……

一、蒙台梭利

玛利娅·蒙台梭利(1870—1952),意大利幼儿教育家,蒙台梭利教育法的创始人。倡导学校应为儿童设计量身定做的专属环境,并提出了"吸收性心智""敏感期"等概念。

简洁、明白、客观

——蒙台梭利的课堂评议（一）

【教育家的课堂观察】

案例1 有一位在公立学校任过教的教师，经常来我们这里上集体课。上集体课很重要的是内容要简明扼要，当有的孩子注意力分散时，必须让孩子们都注意听教师的讲解。这位教师可能以如下方式来开始上课。她首先说："孩子们，看你们能不能猜出我手里拿的是什么东西！"她知道，孩子们猜不着，所以就用虚假的方法来吸引孩子们的注意力。或许，她接着说："孩子们，看看外面的天空，你们以前看过吗？你们没有注意过在夜里的天空中到处都是闪闪发光的星星吗？没有！瞧我的围裙，你们知道它是什么颜色吗？不是有点像天空的颜色吗？好，那么再看看我手中的这种颜色，它和天空的颜色，和我围裙的颜色都是一样的，它是蓝色。现在，再瞧瞧你们周围，能不能找出这房间里的什么东西是蓝色的？再有，你们知道樱桃是什么颜色？在火炉里燃烧着的木炭是什么颜色？等等，等等。"

这样一来，孩子们白费劲地猜了一阵后，在脑子里缠绕着各种概念：天空呀，围裙呀，樱桃呀，等等。孩子们很难从这一团糨糊中简单明白地分辨出这堂课的主要内容，即认识红、蓝两种颜色。对孩子来说，要具有这种选择和分辨能力，几乎是不可能的，他们还跟不上这么冗长的论述。

案例2　记得我参加过的一堂算术课,是教孩子们2加3等于5。为了达到这一目的,教师利用了算盘,在算盘铁丝上串着彩珠。例如,她在算盘顶上一排拨上2个珠子,在下一排拨3个珠子,最后在底下一排拨上5个珠子。我记不清楚整个教学的进展情况了,但我记得这位教师在上排的铁丝上除了串有2个珠子外,还串着一个身穿蓝色裙子,作跳舞状的小纸人,而且当场给这个小纸人取了本班一个孩子所叫的名字作为教名。她说"这是玛丽丁娜",然后,又在另外3个算珠边上添上一个不同颜色的纸人,命名为"吉金娜"。我已记不太清楚这位教师是怎样达到这堂课的预定目的,但可以肯定,关于小纸人她讲了很长时间,还把这些小纸人拨来拨去,等等。既然连我都是记得小纸人比记得算术过程更清楚,那么孩子们不也一定会是这样吗?如果他们通过这种方法能学会2加3等于5的话,那他们的脑子一定会很吃力,教师也必须认为有必要与小纸人作长时间的交谈。

案例3　我还见过一堂课,一位教师想向孩子讲明噪音和乐音的区别。她开始给孩子们讲了一个很长的故事。在讲故事的过程中,事先约好让她的一位同事突然来砰砰地乱敲门,这时教师就停下来喝问道:"怎么了?发生了什么事?到底是怎么回事呀?孩子们,你们知道这个人敲门是在干什么吗?我没法再给你们讲故事了,我一点也记不起来了,我只好不讲了。你们知道发生了什么事吗?你们听见了吗?你们懂了吗?那是噪音,那是噪音。哦!我们愿意跟这个小娃娃玩。(她拿起用桌布包着的曼陀林琴)哈,亲爱的小宝贝儿,我宁愿和你一起玩。你们看见了我手里抱着的这个小孩子吗?"几个孩子回答道:"它不是小孩。"另外一些孩子说:"它是曼陀林。"教师还是继续说:"不,不,它是个小孩,真是个小孩,我爱这个娃娃。你们想要我让你们看看,它是个小孩吗?那么保持安静,再安静。我似乎觉得孩子在哭呀,也许不是哭是在说话,也许它是在喊'爸爸妈妈'呢!"她把手伸到桌布底下,拨动了曼陀林的琴弦。"啊,你们听见这小孩在哭吗?你们听见它在喊叫吗?"教师接着说:"安静,安静,孩子们,听我要干什么。"于是她打开了曼陀林的套衣,开始弹起来,说:"这是乐音。"设想,孩子们从这样一堂课中能理解噪音和乐音的区别,这简直是荒谬!孩子可能得到这样一个印象:老师想捉弄他们,或者会觉得这个老师是多么笨。因为她记不起来被噪音打断的故事线索,因为她把曼陀林误当成小孩。可以肯定地说,通过这样一堂课,深深印在孩子们心里的是教师本人的形象,而不是这堂课应讲授的内容。

案例4 要把课上得简单明了,这对于用旧方法培养出来的教师来说确实是一个非常困难的任务。我记得,在我对一位教师全面、详尽地讲解了教材之后,叫她用几何板镶嵌的方法教正方形和三角形的区别。教师的任务很简单,就是把木质正方形和三角形镶嵌块分别放到正好容纳得下它们的空框里,她本来应先让孩子看她是怎样用手指把木块放到相应的框中,并同时说"这是正方形,而这是三角形"。可是,我请来的这位教师,却开始让孩子们摸一摸正方形并说:"这是一条线,又是一条线,又是一条线,还有一条线,共有四条线。用你们的手指头数一数,告诉我是几条线。还有角,数一数角,用你们的指头摸一摸,瞧,角也是四个。好好看这一块,这是正方形。"我纠正这位教师,对她说,这样做不是在教孩子们认识形状,而是在教边、角和数的概念,这和她在这一课应该教的内容是不同的。她极力为自己辩解说:"可是,这是一回事呀!"然而,这不是一回事,一个是几何分析,一个是算术。这个年龄阶段的孩子有可能还不知道怎样数到4,因此也不会在数出边和角的数量的情况下知道四边形的形状。抽象的边和角是不存在的,它们只存在于具有确定形状的这块木块中。这位教师煞费苦心的解释,不仅搅乱了孩子的思想,而且也超越了具体和抽象、物体形状和形状的数学之间的界限。

我对这位教师说,假定有一个建筑师带你参观一个圆屋顶,你对它的形状特别感兴趣,他可以用两种方法向你介绍他的工作。他可以让你注意线条的美、比例的和谐，然后引你进去，爬上屋顶，使你能够鉴赏各部分的相对比例，使你在关于这个圆顶各部分一般知识的基础上形成对此圆顶的整体印象。或者，他让你数窗户，数宽的和窄的檐口，还认真地给你介绍他的结构设计，他可以向你说明静力学定理，写出计算这些定理所必需的代数式。在第一种情况下，你将获得关于圆顶形状的印象。在第二种情况下，你可能什么也不懂，你的印象将是：这位建筑师自以为他是在对一位工程师或建筑学家而不是一位旅行者谈话，而你的目的只不过是浏览一下这幢圆顶大楼的壮观和它周围的美景而已。我们不直截了当地对孩子们说"这是正方形"，并让他们摸一摸，以建立起关于物体的形状的概念，而是进行物体外形及其结构的几何分析，这就与上述建筑师的第二种做法毫无二致。

如果在教孩子平面几何图形的同时也教给数学概念，我们确实会觉得这是在促使孩子早熟，但是我们并不是认为孩子还小到无法鉴别简单的几何形状。恰恰相反，这些孩子要看到正方形的窗户或正方形的桌子并不难，他们在日常生活中已经常看见这些形状。让孩子注意一定的形状是让他明确平时已经获得的印象，以建立起一个固定的概念。这很像我们在无意中看着湖岸的时候，突然有位画家对我们说："看，在那峭壁倒影衬托下的湖岸曲线多美啊！"听他这么一说，我们几乎在无意中看见的景致，突然被阳光照亮，深印脑海，并使我们体验到以前隐隐约约的感觉豁然明朗而产生的快感。

【教育家的观点】

从以上四个课堂片段观察及思考出发，针对这些课堂中教师上课"含糊不清"的病症，蒙台梭利先生从教师授课角度上进行了精到的分析，提出了授课原则。

一、 个别授课的特点： 简洁、 明白、 客观

授课是以个别方式进行的。简洁是个别授课的主要特征之一。但丁给教师提出过一个很好的建议,他说:"让你说的每句话都算数。"我们越少说废话,课就上得越完善。教师在备课时应特别注意,要考虑和衡量每句话的价值。

"儿童之家"授课的另一特点是明白。教师一定要删除一切不正确的内容,一定不要讲含糊不清的话。这也包括在简洁这一特点之中,因此第二个特点与第一个特点密切相关,要求仔细选择尽可能明白易懂的字句,正确表达思想。

第三个特点是客观。授课必须以不表现出教师个性的方式进行,仅仅突出教师想要孩子注意的客观对象。教师必须认识到,简单明白的课应该是对客观对象的解释以及让儿童怎样使用的说明。

这种授课的基本指导方法必须是观察法,其中包括尊重儿童的自由。因此,教师应该观察孩子是否对对象感兴趣,怎样感兴趣,兴趣的持续时间长短,等等,甚至应该注意孩子的面部表情。教师必须特别谨慎地避免违反自由原则。因为如果她勉强孩子作出努力,她就不再懂得什么是儿童的自发积极性了。

二、 在不断前进的道路上, 给孩子们以阳光, 这就是我们的职责

关于这些启蒙课的作用,我可以作个比喻。这好像一个人独自在森林中漫步,宁静、愉快、沉思,任凭自己内心世界自由地徐徐展开。突然远处传来和谐悠扬的钟声把他唤醒,使他比以前更加强烈地感受到这里的平静和美丽,而以前他对此仅有一些朦胧的感觉。

激发生命,让生命自由发展,这是教育者的首要任务。在完成这一工作时,需要有高度艺术,要把握时机,不致造成紊乱和偏差;只能是帮助,而不可强制或代替,坚定不移地依靠儿童自身力量进入充分发展的内在生命。这种艺术必须以科学方法为指导。

如果教师用这种方法触摸到了每个学生的心灵,那她就像一个看不见的神灵,能唤醒和鼓舞他们的生命,她的一个手势、一句话,就足以支配每个学生的心灵，满足每个学生的愿望。因为每一个学生都以生动活泼的方式感觉到她，熟悉她，服从她，将有那么一天，教师会吃惊地看到所有孩子都高兴地、温顺地，不仅迅速，而且坚决地服从她。他们盼望她，崇敬她，因为是她使他们充满生机与活力，他们更渴望继续从她那里获得新的生命力。

[以上案例及观点分析自《蒙台梭利幼儿教育科学方法》（任代文主译校，人民教育出版社，2001年5月第2版）摘录整理]

【我的感悟思考】

课堂教学要确立大问题意识

每一堂课都是一种心灵的对话、思想的对话、生命的对话，而每一对话必须是让人"心明眼亮"而不是"模糊不清"。蒙台梭利认为，要唤醒儿童的自主性及内在生命力，滋养儿童有吸收力的心灵，重要的就是要关注教师的课堂语言，尤其是教师的提问。教师的课堂提问要做到目标明确、立足儿童、激发兴趣、引导思考、促进学习。

一、课堂教学需要确立大问题、主问题意识

大问题即大智慧、大思想，主问题即立主脑、力自主。问题教学的价值与意义在于引导学生积极思考，主动探究。苏联著名的教育家阿莫纳什维利在《孩子们，你们好！》一书中写道，我将遵循的一条箴言：教师向儿童发问的问题——这不仅是教学法的，而且也是整个教育学的细胞。如果能够把它放在显微镜下仔细观察一下，就可以从中认清整个教学过程的方向、师生关系的性质；也可从中认清教师自己，因为问题——这是教师的教育技巧的风格。可以这样说，问题决定了课堂思维生活的品质，决定了学生学习生活的幸福指数。有没有让学生对课堂生活心向往之，对学习活动喜不自胜，对智力生活兴致勃勃，在很大程度上是取决于课堂上的问

题教学。主问题应对目标不离不弃，不会横生枝节、旁逸斜出，不让学生听起来觉得不知所云，无所适从。

比如在《论语》中孔子及其弟子师生讨论的"什么是仁、什么是礼、什么是信"等人生的根本问题、大问题。其中，林放问礼之本。子曰："大哉问！礼，与其奢也，宁俭；丧，与其易也，宁戚。"（林放问什么是礼的根本。孔子回答说："你问的问题意义重大，就礼节仪式的一般情况而言，与其奢侈，不如节俭；就丧事而言，与其仪式上治办周备，不如内心真正哀伤。"）孔子表扬的"大哉问"，就是倡导主问题的学习。只有主问题教学才会让学生主线明确，不会"六神无主""主次不分""舍本逐末"。

二、主问题的设置与提出要注意做到简洁明了，通俗易懂；严谨正确，富有逻辑

简洁明了、通俗易懂，就是自始至终围绕主要的学习目标进行提问，语言表达上要充分考虑儿童的理解能力及接受能力，即如何"儿童化"的问题。问题的设置必须回到富有生活趣味、包含思维趣味的情境之中，否则，所谓的主问题可能显得生硬、枯燥、乏味。去情境、去生活、去思维化的问题，往往难以激发学生的思维，难以达到"一石击破万重天"的效果。严谨正确、富有逻辑，意味着问题的表达要关注学科特性及本质，不能产生谬误，误导学生。在问题的呈现的过程中，要注意循序渐进，由浅入深、由易到难、由简到繁。有位哲学家指出，最好的教育方法是深入浅出，其次是深入深出，再其次是浅入浅出，最差的是浅入深出。因此，优秀的教育者善于深入浅出，在主问题的统率之下，问题群是层层深入、环环相扣的。

日本著名教育家斋藤喜博甚至认为，教师的提问是"教学的生命"。善于提问的教育者经常以极浅易的、极通俗易懂的方式来揭示深刻的道理，以超乎常人的透明的智慧来点化学习者内心的重重迷障，让人照彻灵腑，豁然开悟。

走向独立与自主的儿童

——蒙台梭利的课堂评议（二）

【教育家的课堂观察】

案例1 一天，孩子们围成一圈，有说有笑。圈子中间放着一个水盆，盆里漂浮着一些玩具。

学校里有个刚刚两岁半的男孩。他独自一人站在圈外，看得出，他充满了好奇心。我饶有兴趣地在远处观察着他。他开始慢慢走近其他孩子，想挤进圈，但他没有力气，挤不进去。于是他仍站着看着周围。那张小脸上流露出来的思想非常有意思，当时我要是有个照相机把他拍下来就好了。

突然他的目光落在了一张小椅子上，显然，他决定把椅子搬到这群孩子的后面，然后爬上这个椅子。他开始向椅子走去，脸上露出希望的神情。正在这时，教师走过去蛮横地（她可能会说是轻轻地）抓住他，把他举过其他孩子的头顶，让他看水盆，还说："来，可怜的小家伙，你也看看吧！"

毫无疑问，尽管这个男孩看见了漂浮着的玩具，但他却没有体验到通过他自己的力量去征服障碍物所获得的快乐。看到那些玩具并没有给他带来任何好处，而通过他自己努力使用智慧才能发展其内在能力。在这种情况下，这位教师阻碍了这个孩子的自我教育，而且没有给孩子任何有益的补偿。这个小家伙在感到自己快要成为胜利者的时候，却发现自己不由自主地被一双钳得死死的手举了起来。原来他脸上那种使我觉得非常有趣的欢欣、探索和期望的表情，一下子荡然无存，剩下的只是一种"相信别人会替他做事"的孩子的那种呆滞表情。

案例2 一天，一个小男孩在做图画练习，选用彩色铅笔描一棵树的轮廓。他把树干涂成红色。教师想干预，说道："你想想树干是红色的吗？"我制止了她，让孩子把树涂成红色。这幅画对我们很宝贵，它表明孩子还没有成为周围环境的观察者。我对待这种问题的方法是鼓励孩子多做色彩游戏来增强色感，让他每天和其他孩子一道走进花园，可以随时看到树干。如果感觉练习已使孩子自发地注意到周围颜色，那么在某一欢乐时刻，正像前面讲的那个孩子在玩的时候突然发现天空是蓝色的一样，他也会发现树干是褐色而不是红色。的确，这位教师继续让那个孩子描树的轮廓时，有一天，他运用褐色铅笔来描画树干了，而把树枝和树叶描成绿色。后来，他把树枝也描成褐色，只把树叶描成绿色了。

这样，我们就考查了孩子的智力发展进程。我们培养观察者不是靠说"观察吧"，而是有赖于教给他们观察的能力和方法。而这种能力和方法的获得要通过感觉训练。我们一旦激发起了这种能动性，自我训练就得到了保证。因为经过良好训练的精确感觉会使个体仔细地观察环境，这样，变化无常的环境就会吸引个体的注意力，使心理感觉训练继续进行。

【教育家的观点】

一、儿童拥有内在的生命力

我们在圣约翰《福音书》的序中所读的一句话，在某种意义上应该适用于新生儿："他在这个世界中，然而这个世界却不了解他。"

我应该提一下日内瓦的皮亚杰教授对自己孩子所做的一项试验。他在一张椅垫下藏了一个东西，然后他把孩子打发出这间屋子。他又把这个东西拿出来，藏在第一张椅子对面的椅垫下。教授希望他的孩子会在第一张椅垫下寻找东西，当他找不到时，就会到另一张椅子下寻找。但是，当这孩子回到房间后，他所做的就是掀起第一张椅子的垫子去寻找，然后用他自己不完整的方式表达："没了。"他并没有努力到其他地方去寻找那件东西。然后，教授重复了这项实验，让孩子亲眼看到他从一只垫子底下拿出那件东西，并把它放在另一只垫子底下。但这孩子还是像以前那样找一遍，又说"没了"。皮亚杰教授据此得出的结论是，他的儿子有点傻。他几乎不耐烦地掀起第二张椅子的垫子说："你没有看到我把东西放在这儿吗？"孩子回答说"我看到了"，然后指着第一张椅子说："但它，应该在那里。"儿童感兴趣的并不是找到东西，而是在它该在的地方找到它。显然，他认为不理解这种游戏的是教授。如果不把东西放在它应该在的地方，那这种游戏还有什么意义呢？

成人面临的最大问题之一，就是他们没有认识到，儿童拥有一种积极的精神生活。尽管儿童当时并没有表现出来，而且他也必须过相当长的一段时间来秘密地完善这种精神生活。儿童正是作为一种精神上的存在而不仅是肉体上的存在，才给人类的发展提供了强大的原动力。也正是儿童的精神，决定了人类发展的进程，并有可能把人类引向更高级的文明。当一个新的生命降生时，它自身包含了一种神秘的本能，这个本能将指导它如何活动，形成什么样的特性及怎样适应环境。在与儿童打交道的过程中，成年人会慢慢变得自私自利，或者以自我为中心。他们只从自己的角度出发来看待与孩子有关的一切，结果只能使他们之间的误解越积越多。正是由于这种以自我为中心的观点，成年人把儿童看作是心灵空无一物、有待于他们去尽力填塞的某种东西而已。因为把儿童看作脆弱的和没有自理能力的某种东西，为此成人就觉得必须替他们做所有的事。因为把儿童看作是缺乏精神指导的某种东西，因而觉得需要他们不断地给予指导。

儿童拥有生机勃勃的本能。这种本能，能使儿童做出惊人之举。

二、教师要信任而不是代替儿童

教育者必须像一个受到对生命的真诚崇拜所鼓舞的人那样，当他以极大的兴趣进行观察时他必须尊重儿童生命的发展。这样，儿童的生命就不是一种抽象的概念，而是一个一个儿童的生命。这里只存在一个真正的生物学现象：活生生的个体。对每一个个体逐一观察，直接施教。必须把教育理解为对儿童生命的正常扩充与发展给予积极的帮助。儿童有成长着的身体，有发展着的心灵，即由生理和心理构成一个神圣整体，它是生命之源，也是生命本身。我们既不要损害也不要窒息存在于这两种生长形式之中的神秘力量，但是我们必须等待，我们知道，这种力量的表现形式将陆续展现出来。

在蒙台梭利看来，教师要放手，即使面对三五岁的儿童，教师也要善于放手，甘居幕后。起初，教师可能觉得自己毫无用处，因为儿童的进步与他所发挥的作用不成比例。不久，教师发现儿童变得越来越独立，他们的表达能力也越来越强，其发展也变得迅速起来。这时教师又觉得自己所有的幕后工作变得有价值起来。这时教师应该想起施洗约翰在见到弥赛亚之后所说的那句话："他注定要成长，而我要退到幕后。"

如果一个儿童长到3岁时我们还把他抱在怀里（这种情况经常出现），他的发展就一定会受到限制。如果已经达到真正的独立，成年人的帮助只会成为障碍。事实上，儿童个性发展的关键在于他自身。他有自己发展的方式和必须遵守的规律。在儿童体内必定存在着一种微妙的力量，成年人不合时宜的干预会阻碍这种力量的发挥。

成年人应该去努力理解儿童的需要，这样就可以给他们提供一个适宜的生长环境，使他们得到满足。只有这样，才能开辟教育的新纪元，才能真正给人类带来帮助。儿童只有在一个不受约束的环境中，即在一个与他的年龄相适应的环境中，他的心理生活才会自然地发展并展现他内心的秘密。如果不坚持这条原则，那么今后的教育只能使个体更深地陷入无穷的混乱中。

［以上案例及观点分析自《蒙台梭利幼儿教育科学方法》（任代文主译校，人民教育出版社，2001年5月第2版）、《童年的秘密》（孔晶译，中国发展出版社，2003年7月第1版）、《有吸收力的心灵》（高潮、薛杰译，中国发展出版社，2006年1月第2版）等摘录整理］

【我的感悟思考】

孩子是自己最好的导师

有这样一则寓言——《上帝的礼物》：上帝为每一个人都准备了一份礼物，那就是"成功和快乐"。但上帝又不愿人们轻易得到这份礼物，因为他担心得到太容易了，人们就不懂得去珍惜。于是上帝把天使找来，商量如何把这份礼物藏到一个很难找到的地方，让人类必须通过自己的努力，才能获取成功和快乐。一个天使说："我们可以把礼物深埋在地下。"上帝回答说："不，不能这么做。因为人们只要掘地三尺，就可以找到它们。"另一个天使建议："我们可以把礼物沉入黑暗的海洋深处。"上帝还是不满意："不，那儿也不行。人类已经学会潜入深海的本领，不用费力就能找到它们。"这时又一个天使说："我们可以把礼物带到雪山之顶，然后把它藏在那里。"上帝再一次否决了这个建议："不，因为人们最终会攀上最高的峰顶，然后再把礼物带到山下。"天使们毫无办法，最后只好说："我们确实不知道把成功和快乐藏在什么地方合适，似乎天上地下，高山海洋，没有什么地方人类最不容易找到。"这时候，上帝开口了："我想起一个地方，可以埋藏成功和快乐，这就是人类自己。我要把这份礼物深藏在每个人的身上，因为他们永远都不会想到，自己的成功和快乐，就藏在自己的身上和心里。"天使们一致叫好，然后就按照上帝的吩咐，悄悄地把礼物藏在了每个人的身上。

  这则寓言告诉我们，每个人心灵深处都珍藏着生命中最宝贵的生长力、成长力与无限的潜能。而教育所要做的就是顺乎天性，发展个性，让儿童的潜能自由舒展。苏霍姆林斯基说：人的一生中有两次诞生。第一次诞生的人是用叫喊来显示自己的：我出生了，请关心我，要为我操心，我是软弱无力的，一刻也不要把我忘记。第二次诞生的人用完全不同的方法来显示自己：别照看我，别总跟在我的后面，别束缚我的手脚，别用监督和不信任的襁褓把我捆起来，千万别提起有关我孩提时的事儿。我是个独立自主的人，我不要别人搀着手走路。在我的面前有一座高山，这是我生活的目标，我看见它，想着它，我要爬上这座山……我要使大家都认为，我能独立地、用自己的力量登上顶峰。

  蒙台梭利认为，独立过程的哲学概念是"人通过努力达到独立"，可以不需要他人的帮助做一件事情就是独立。如果这样，儿童就会快速地发展，否则儿童的发展就会减缓。如果我们记住了这一观点，就会知道我们应该如何对待儿童了。这些观点对我们对待儿童的方式进行了有效指导。虽然帮助儿童是我们的天性，但上述理论告诉我们，不要向儿童提供过多的、不必要的帮助，否则对于其学习的独立性的培养名曰爱之，实则害之。

  我的一个邻居辅导孩子做作业的方式让我感受颇深。她女儿上小学一年级，在做十以内加减法时，一遇到不会算的，就吵吵嚷嚷的：9减去4等于多少？妈妈说"你再算算"。她捂住耳朵说："我不，我不。"她妈妈火了："你算算9个指头减去4个指头，还剩下多少个指头？"她一甩头："不知道。你说！"妈妈无奈只好说："就是5个指头，你写上5吧！"她高高兴兴地写上"5"。她妈妈又说："那你要记住了！"接着是第二题，也是如此这般。与其说是孩子在做作业，不如说是她妈妈在做作业。她妈妈也说，有时看她女儿做作业的样儿，她恨不得帮她赶快做完啊！如此下来，邻居孩子的学业成绩一塌糊涂。其实，主要的原因就在于，孩子妈妈从来没有让女儿独立思考、独立完成过任何一道题目。妈妈轻而易举地代替了孩子的学习。没有经由学生个体自己通过思想的挣扎，思维的困惑，艰难的思考，自我的感悟……这样的学习就是浮于表层、流于形式的，它无法真正构成个体的心智体系的一部分。如此一来，往往养成一种没有吸收力的心灵。自然而然，学生学习的东西就可能成了与己无关的外在的堆累。知识的大门无法为这样的心灵打开，这样的心灵也无法为知识而打开。

　　正如蒙台梭利提出的，对成人来说，有一条自然法则，即"最大效益法则"，这使他习惯用最直接的手段，在最短的时间内达到他的目的。当成人看到儿童付出巨大的努力却收效甚微，而同样的事他很快就能干完并做得干净利落时，他就会忍不住想去帮助这个儿童。但是，"自由行动的儿童，不仅从他的周围与环境中搜集感官印象，并且喜欢一丝不苟地进行他的活动。那时，他的精神似乎游离于现实存在和自我实现之间。儿童是一个发现者，他在选择自己合适的发展形式方面尽管尚未定型，但具有灿烂的前景"。

让安静导引心灵的秩序

——蒙台梭利的课堂评议（三）

【教育家的课堂观察】

案例　一堂肃静课

　　一天，当我走进一个"儿童之家"，在院子里碰到一位母亲，她抱着她4个月大的孩子,这小家伙还在襁褓中裹着,因为这是当地罗马人的习惯。因此,我们把裹着的婴儿叫做幼蛹。这个安静的小家伙像是平静的化身。我把他接过来,抱在自己怀里,她仍很安静。我抱着她走向教室,从教室里跑来迎接我的孩子们总是伸开双臂,拉着我的裙子,几乎要把我撞倒。我向他们微笑着,让他们看这条"蛹"。他们懂得这个意思,在我身边跳着,闪着快乐的眼睛看着我,他们因为爱护我抱着的小家伙而不碰我。

　　我与簇拥着我的孩子们一起走进教室。我们坐下,我坐在一张大沙发上,不像平常那样坐在他们的小扶手椅上。换句话说,我严肃地坐着,他们带着既温柔又高兴的神情看着我抱着小孩。我们谁也没有说话。最后我对他们说:"我给你们带来了一位小老师。"惊奇的眼光、愉快的笑声。我接着说:"是的,一位小老师。因为你们谁都不知道怎样做到像她这样安静。"这一下,孩子们都变了姿势,变得安静了。"还没有一个人的手脚像她那样安静。"每个孩子都认真注意自己的手脚姿势,我微笑着看着他们:"是的,但是你们的脚不会像她的脚那样安静。"孩子们严肃地看着。关于这位小老师比他们更行的想法,看来已为他们接受了。一些孩子笑了,他们的眼似乎在说:襁褓应受到奖赏。"你们谁也不能像她那样安静无声。"比较安静了。"不可能像她那样安静,因为——听她的呼吸多么微弱!你们踮起脚尖走近点听一听。"

　　有几个孩子站起来,踮着脚尖慢慢走到婴儿跟前,弯腰听着。更加安静了。"你们谁都不如她这样安静地呼吸。"孩子们惊奇地看着周围,他们从未想到,即使他们安静地坐着仍会发出声音;也从未想到,小婴儿比长大的人更能保持安静!他们几乎停止了呼吸。我站起来,说道:"悄悄地,悄悄地走出去,踮着脚尖走,别出声!"我跟在他们后面说:"我还是听到一点声音,但是只有她,这个婴儿和我一起走,没有发出任何声音。她无声地走出来了!"孩子们笑了,他们理解了我说的真理和笑话。我走去开窗户,并把婴儿递给了看着我们的那位母亲。

小家伙似乎留下了她微妙的魅力,占据了孩子们的心灵。事实上,自然界没有什么东西比新生婴儿的呼吸更优美。在这个人类的小生命中,凝聚着力量和新奇,体现着人类生命无比威严。与此相比较,描写自然界安静的词汇,如"多么安静,多么宁静,只有船桨的划水声"都逊色了。孩子们也在这个人类新生儿生命的安静之中感到了诗情和美意。

【教育家的观点】

一、感觉训练的教育学意义

一般来说,我们的教育具有双重目的:一是生物学的目的,二是社会学方面的目的。从生物学上讲,我们希望教育能帮助个体自然地发展;从社会学上看,教育的目的是培养个人适应环境。就后一目的而论,技术教育就应有其相应的地位,因为它能教育个体利用环境。从这两个观点来看,感觉训练都很重要,感觉器官比高级智力活动发展得早。3~7岁的孩子正处在形成期,在此期间我们能够帮助其感觉器官的发展。儿童的一切教育都必须遵循一个原则,即帮助孩子的身心自然发展。同时在急速发展期过后应更多地注意教育的另一个目的,即使人能适应环境。教育的这两个阶段总是交叉重叠的,但根据孩子年龄也应分别有所侧重。3~7岁阶段是儿童身体的加速发展时期,是与智力相关的感觉器官活动的形成期。这个阶段儿童的注意力以被动的好奇形式被周围环境所吸引,并非是事物的原因,而是刺激吸引儿童的注意力。所以,在这个时期,我们应该系统地给予直接的感觉刺激,帮助其感官合理发展。这种感觉训练将为儿童以后的智力发展打下坚实可靠的基础。感觉训练是把人培养成为一个观察者,不仅为了能够适应现代文明时代而完成一般工作,而且也是直接为实际生活作准备。

但是,感觉训练对成人来说,往往十分困难,比如,他想成为一个钢琴家，手指的训练就很困难。如果我们想通过训练使某种感觉充分发展，那么我们就应该在这种感觉的形成期就用相应的方法开始训练。感觉训练应从婴儿期就开始系统进行，并在准备进入社会生活的整个时期坚持不懈。

美育和德育与感觉训练密切相关，丰富感觉和发展对不同刺激的鉴别能力，也就是提高了感觉能力，增加了人们的娱乐享受。美在于协调，而不是冲突，而协调必须精确。因此，如果我们要鉴别协调，就必须有精确的感觉。对于具有粗劣感觉的人来说就享受不到自然和谐的美，世界对他是狭小的、贫乏的。在我们的生活中，存在着无穷无尽的美，人们走过它前面却视而不见，这正像动物只从那粗劣浅表的感觉中寻找它们的乐趣一样，因为这是它们唯一能接受的感觉。

从粗野的娱乐中往往暴露出恶劣的习惯。实际上，强烈刺激并不使感觉变得敏锐，反而变得迟钝。这样就要求刺激更强烈，感觉也就更粗劣。在底层社会的不少儿童中，经常发现手淫、酗酒，喜欢看成人的调情活动。这些代表了那些精神空虚、感觉迟钝的不幸者的乐趣。这种乐趣扼杀了人性，召唤动物般的生活。

二、关于"安静"的练习是精神生命的蓄水池

莱文教授用电影记录了一项有趣的心理学实验，这部电影有助于说明这个问题。电影的目的是为了通过儿童对同样一些物体的反应，来区分有缺陷的儿童和正常儿童。这些儿童都来自同一所学校，他们年龄相仿，生活背景基本相同。道具是一张大桌子，上面放满了许多不同的东西，包括我们设计出来供儿童使用的一些玩具。在电影中，我们可以看见一组儿童正走进教室。他们对面前的各种东西都很感兴趣，并被吸引住了。他们显得很快乐，他们的微笑表明，拥有这么多东西使他们非常高兴。每个儿童都拿起一样东西开始工作，过一会儿就把它放在一边，又拿起别的东西玩了起来，这样反反复复，干完这个又做那个。电影的上半部放完之后，我

们看到第二组儿童正走进教室。他们慢慢地走，停下来并环顾四周。他们很少拿这些东西，只是聚在它的周围，似乎并不踊跃。从电影的下半部开始，这种情况一直持续到结束。这两组儿童，哪一组是有缺陷的儿童，哪一组是正常的呢？有缺陷的儿童是高兴的、活泼的，他们到处走动，玩每一件东西。可是对看这部电影的人来说，这些儿童给人们的印象更聪明，因为通常成人习惯于把做了一件又一件事后感到活泼又快乐的儿童看作是更聪明的。但实际上，正常的儿童是在以一种平和与安静的方式到处走动。在电影中，我们看到他们长时间地站着不动，沉思着注意一件东西。他们以惊人的方式表明：安静和有分寸的活动，并伴随着认真的思考，是正常儿童的标志。莱文教授的实验与普遍接受的观念是相冲突的，因为在通常的环境中，聪明的儿童会像电影中有缺陷的儿童那样活动。在我们学校里可以发现，一个正常儿童的行为则有所不同，他缓慢并且沉思，但他的行动却受自我控制，并由理性指导。

对一个人来说，有能力用一种审慎和沉思的方式活动，实际上是正常的。这是内心自律、外在有序的体现。当缺乏这种自律时，他就无法控制自己的活动，而受别人意志的支配，或者就像漂泊的船一样，成为外界影响的牺牲品。

进行安静练习，孩子们在努力保持安静后感到兴奋，从安静中得到了快乐，他们像安全停靠码头的航船为新鲜的经历感到幸福，也为自己成为自己的战胜者感到高兴。……于是我知道，孩子的心灵有着自己的满足方式和特殊的精神享受。通过这样的练习后，我觉得孩子们对我更亲近了，当然他们就更听话，更温文尔雅了。

沉思的结果是"力量的内在硕果"。心灵更加强健，更加活跃，对已经专心致志深思的种子发生影响，使之开花结果。孩子们选择的培养他们天性的方法就是"沉思"，因为没有其他方法能够使我们如此持久地专心致志，并逐渐获得内心的成熟。对自己的工作有目标的孩子肯定不是

"学",他们的目的是由内心生活的需要产生的。这种内心生活应该想法使它得到培养和发展。他们就这样模仿,不断地"成长",养成一种能逐渐使他们的智力得到协调和发展的习惯。当他们沉思时,他们就走上了没有尽头的进步之路。

正是通过沉思锻炼之后,孩子们才能乐于"安静练习"。然后,他们试图在行动时不出声响,举止优雅,因为他们正陶醉于精神"集中"的硕果之中。

[以上案例及观点分析自《蒙台梭利幼儿教育科学方法》(任代文主译校,人民教育出版社,2001年5月第2版)、《童年的秘密》(孔晶译,中国发展出版社,2003年7月第1版)、《有吸收力的心灵》(高潮、薛杰译,中国发展出版社,2006年1月第2版)等摘录整理]

【我的感悟思考】

让教育葆有安静的品性

静以修身,静以修慧。释迦牟尼坐在菩提树下,用了七七四十九天,悟出了生命之道和宇宙之道。中国古代的教育传统中也是一直倡导"主静言敬"的思想。归静就是生命中的归根,归静就是人生的心灵归宿,归静就是灵魂的归依,归静也是纷杂中的归零。在沉静中,我们变得更有内涵、更有力量,也更依赖自己。静中念虑澄澈,一切皆归根于自我与内心,安静地萌生内心的力量。正因为如此,一切真正的灵修都是一种静修。

生命必须以安静为底色,否则,必定流于浮躁与肤浅。印度一位哲学家指出:"就我而言,生命的首要原则就是静心。其他任何事都是第二位。……静心意味着进入你的不朽状态,进入你的永恒状态,进入你的神性状态。"教育如果具有生命关怀与终极关怀,那么,它必定要关怀"静心"

的状态，培养安静的心性。

举目四望，我们的整个教育教学的现状，我们不得不承认：我们的教育得了"多动症"！我们的教育太缺乏一种真正的安静，有的只是一些死气沉沉的寂灭。除此之外，更多的就是大铺大陈、大张旗鼓式的喧闹、热闹、吵闹。在这个浮泛的时代，从心灵深处流溢出来的安静、宁静渐行渐远，成了遥不可及的绝响。如果说教育是要给人心灵的智慧与生命内涵的丰富的滋养，那么，教育必须回到安静的品性中来，否则，就是对健康美好的人性的背逆。在我看来，理想的、令人神往的学校生活就是要引导师生保持一种安静的教育，保持教育的安静！

让课堂拥有一个安静的学习环境。没有安静存在的课堂，深刻的学习是从来不会得到充分展开的。在许多形形色色的课堂中，我们目睹了太多的热闹，然而，留下的是瞬息即逝的泡沫；太多的刻意的"活动"，然而，留下的是被过度刺激变得黯淡无光的眼神；太多喧哗华美，然而，留下的是骚动与焦灼。日本著名教育家佐藤学先生一直在着力建筑相互倾听的、安静的教室。他认为，如果能让教室的空气远离浮躁，让学生自然平静的声音重新回到教室，并且教师能够通过对每个学生言行的恰当对应而创造出平和气息的教室来，那么，无论使用什么样的教材，都能实现与其内容相应的自立的学习、合作的学习。

我曾经上过这样一节作文课，请学生进行写作，孩子们一如往常，彼此兴奋地、眉飞色舞地交流着。也许，许多老师会觉得这是一个多么好的现象，多么生动的场景，学生的学习是多么的投入。但是，这不是我想要的。我想培养学生安静地思考，沉静地思想——写作不仅仅是文字上的喧嚣，文字就是要让人"于无声处听惊雷"，让人在安静中学会想象、感动、感悟……然后用笔写下来。于是，我一言不发地拿起粉笔在黑板上写下"发现和思维是安静的子女"。其实，我应该写的是"定静安虑得"或要"静则生智""重为轻根，静为躁君"……但怕学生们不理解。学生们抬眼望了一下黑板，大家彼此心领神会地静下来了，然后各自沉浸在自己的构思与书写之中……下课后，不少学生带着闪光的眼神跟我交流，安静的写作给他们带来一种美好的感受。

安静，可以创造一种彼此信赖而又彼此独立的富有心理安全感的氛围，而这些正是心灵生长所需要的。作家张炜说：安静也是积蓄能量的一个过程。我们许多人到了关键时刻就没有了力量，其中的一个原因就是缺乏一种能量的积蓄。特别是思想的能量，它更是需要安静下来才能获得。"安静练习"，在我看来，是一种灵魂的体操，是心灵的安魂曲，是生命世界的深潜与静修。摒除一切杂尘与纷纭，"夫物纭纭，复归其静，归静曰命"。

二、杜　威

约翰·杜威（1859—1952），美国哲学家、教育家，实用主义的集大成者，倡导"儿童中心""教育即生活"及"做中学"等理念。

"做中学"

——杜威的课堂评议

【教育家的课堂观察】

印第安那波利斯市的学校系统的第45公立学校,正在进行一系列的实验,在这所学校里儿童可以说是从做中学的。学校的工作按照州的课程要求进行,不过教师们不断地寻找新的方法,以防止作业成为单纯的课本训练,或是考试的准备。

在五年级,班级活动围绕儿童在"盖"的一所平房进行。在手工训练课上,班里的男孩子去盖房。不过在他们动工前,每个学生都要起草一份盖房计划。在他们的算术课上,计算他们需要的木材数量和费用,不仅为他们自己盖的小房子计算,也为盖一幢整套的房子计算。他们在房子的测量过程中做了许多习题,如计算地板和墙壁的面积,每个房间的空间,等等。不久儿童就提出假设,这所房子该住一家人,并决定这家人以务农为生。于是所有算术就以这整个农场为基础。首先是计算有关耕种方面的题目,设计耕种规模,并根据他们自己搜集到的材料,对他们的"游戏农场"提出种种问题,如稻田的面积有多大?该用多少种子?将来可以希望有多少收获和可得到多少利润?儿童在设计这些含有他们正学习的特别的算术过程并适合他们农场的题目时,表现出极大的兴趣和创造性。他们筑起了篱笆，水泥走道，一堵砖墙，并为这家农户设计市场，出售黄油、牛奶和鸡蛋，还保了火险。在他们裱糊房屋的时候，就有了很多与买纸、裁纸以及怎样糊法合算有关的面积题，这些题目足以使他们在面积测量方面受到一切必要的训练。

英语课也同样以盖平房和它的居民生活为中心。拼读课以他们在建筑等活动中用到的词汇来进行。完成房子的计划，房屋及用具的说明，以及对住在这房子内的家庭生活所作的描述，为作文习字课提供了无穷的材料。儿童将自己的作文朗读给全班听，让全班来评议，这又成了修辞课，甚至语法课也因为引用有关农场的句子而变得更有趣味了。

美术课也从儿童盖房和装饰房屋的实际活动中引出。学生们渴望有一座美丽的房子，因此房子里里外外的色彩装饰，就提供了许多配制色彩和调配均匀的问题。后来他们在制作墙纸，选择并布置窗帘以及室内装潢的过程中，又找到了很多构思的机会。每个学生先充分构思自己的方案，然后由全班一起来决定他们想用哪一种。学生们也为洗澡间的地板和墙壁进行了设计并制作了砖瓦，还筹建了一座花园。女孩子设计和制作了很多衣服给房子里的玩具娃娃穿。全班同学都十分喜欢上图画课，因为他们互相画的都是他们以不同家庭成员身份在农场从事不同工作的情形。

这个年级的表演课，主要是表演儿童自己设计编排的反映农场生活的戏剧。这个学校的工作几乎都是以对学生有内在意义和价值的活动为中心的。从这个意义上说，这所学校的儿童是"从做中学的"，不仅如此，大多数的活动还是儿童自己首先发起的。他们给自己出数学题，提议盖房工作的程序，互相评议作文，并且自己编排戏剧。

【教育家的观点】

一、 活动是教育的中心

"学校课程中相关的真正中心，不是科学，不是文学，不是历史，不是地理，而是儿童本身的社会活动。"以具有社会用途的事物为媒介的教育，无论对智力以及道德发展都是必要的。儿童越是密切地或直接地从社会环境中学习，他所获得的知识就越是真实和有效。因为只有首先能处理好我们周围的事情，然后才有能力处理遥远的事情。"对现实的直接感受，只有在狭小的社会环境，如在家庭生活中才能形成。真正的人类智慧，归根结底，就是从直接的环境中所获得的密切知识，以及通过训练得来的应付环境的能力。这样养成的心理素质，一定会坦率而目光锐利，由于这种素质是和严厉的现实打交道过程中形成的，因此它能适应将来的各种环境。它是坚定的、灵敏的和充满自信的。""相反的教育是散乱的、混乱的。它是肤浅的，游离于每一种知识形式之上，得不到任何利用，是杂乱的、轻浮的和不确定的。"道理很容易明白：真正名副其实的知识，即养成对任何事物都能应付的才干，只有通过积极而密切地参与社会活动才能获得。这就是裴斯泰洛齐重要的积极的贡献。

二、教育即经验的改造与重组

如果我们采用与儿童获得最初经验以可能相类似的方法来扩大儿童的经验，很显然，我们就可以大大提高我们的教学效果。我们都知道，儿童没有进学校以前所学的东西，没有一样不是与他的生活有直接的联系的。他怎样获得这种知识，这个问题为自然的学校教育方法提供了线索。……教育如果忽视了儿童身上蕴藏的这种充满生机的冲动，就会流于"学院派的""抽象的"，这是就这些词坏的意义上说的。如果教材被用作唯一的材料，教师的工作就难得多，因为除了一切东西要自己去教以外，她还必须经常压抑和阻止儿童的好动倾向。就儿童来说，教学成了一种缺乏意义和目的的外在的提示。任何材料，如果不是从先前在儿童生活中占据重要地位的事情中引出，就会流于贫乏和无生命力。

在任何一门学科的专家看来，一切教材都是分门别类的和编排好的，但是在编入儿童的课本之前，必须加以简化，大量压缩。能激发思想的特点被模糊了,组织的功能也消失了。儿童的推理能力及抽象和概括能力得不到充分的发展。这并不意味着教科书必须废除,而是说它的功能改变了。教材成为学生的向导,靠着它可以节省时间,少犯错误。教师和书本不再是唯一的导师,手、眼睛、耳朵,实际上整个身体都成了知识的源泉,而教师和教科书分别成为发起者和检验者。任何书本或地图都不能代替个人的经验,它们不能取代实际的旅行。物体下落的算术公式也不能代替掷石子或把苹果从树上摇下来。当然,从做中学并不是指用手工来代替课本的学习。与此同时,要允许儿童一有机会就做些手工,这对抓住儿童的注意力和兴趣有很大的帮助。

[以上案例及观点分析自《明日之学校》(约翰·杜威著,赵祥麟、任钟印、吴志宏译,人民教育出版社,2005年5月第2版)摘录整理]

【我的感悟思考】

化育儿童完整的身心

杜威先生提出,儿童是以健全的身体和有点不愿意的心情来到传统学校的,可是事实上并没有把身心两者一起都带到学校里来,他必须把他的心弃置不用,因为他在学校里并没有使用它的余地。如果他有纯粹抽象的心灵,他也许会把它带到学校里来,但是他有的是具体的心灵,对具体事物有兴趣,除非他能把这些具体事物体现在学校生活之中,他还是不把他的心灵带来的。我们所需要的是儿童以整个身体和整个心灵来到学校,并以更圆满发展的心灵和甚至更健全的身体离开学校。

一、 课程的综合性

课程的综合化源自对生命整体性的体认,来自对生活丰富性的洞察,来自对世界复杂性的探索。没有综合的视野,我们获得的认识是支离破碎的,是扭曲变形的;我们的生活,将是片面的、单层的;我们的生命将是不完整的、四分五裂的。古希腊哲学家、教育家柏拉图认为，综合性学习是学习的最高境界。基于对自由健全完整自主的人的培育的诉求，我读到傅雷给傅聪的信中的一段话时，久久难以忘怀。这位学者告诫他的儿子，你首先是个人，其次是个艺术家，接着是个音乐家，最后才是个钢琴家。正如爱因斯坦之所以伟大，是因为他的人生维度呈现出多姿多彩的形态：首先是个人，其次是个科学家，最后才是一个物理学家……显而易见，我们的基础教育应该培养真正的人，为学生的一生奠定基础。基础教育不仅仅是培育学生的基础知识和基本技能，更重要的是要让学生获得基本的人的素养。梁思成先生于1948年在清华大学作的名为"半个人的时代"的演讲里，抨击了人的异化与畸形，认为许多人蜕变为半个人。而杨叔子先生认为时至今日，许多人退化为四分之一人、八分之一人，甚而不是人。综合性，不仅是各学科、各领域知识的综合，更重要的是追求完整的生命。教育要培育与塑造的是有丰富情感、有健康人格、有健全理智、有美好情趣的完整的人，而不是为了某种目的与实用价值训练一些"单面人"或"畸形人"，不能在世俗功利的目标下导引生命中的某一功能、某一部位、某一机体被过度地开发，而使生命的其他功能、部位、机体因受到忽略而退化、蜕变，导致生命整体发展的失衡与倾斜。人文素养与科学素养之于个体整体生命成长，如鸟之两翼，车之两轮，不可有所偏废，不可有所抑扬。

学生生命的整体性与综合性须仰赖于课程及教育的整体性与综合性。杜威先生提出，一切学科，都是从唯一的大地和寄托在大地上的唯一的生活的各方面产生的。我们并没有一系列的分层的大地，一层是数学的，另一层是物理的，又一层是历史的，等等。在任何单独的那一层里，我们都不能生活得很长久。我们生活在所有各方面都结合在一起的一个世界里，一切的学科都是在这一伟大的共同世界的各种关联中产生的。在关联的世界中、关联的活动中，儿童的知识、能力、兴趣、价值等在自由地化合生成，凝聚成富有完整性的生命本身。

二、 教育的实践性

教育与学习要根植于儿童脚下的土地，任何"无土栽培"，都是无法获得真正的生长的。正是如此，杜威认为，课堂教学可以分成三种。最不好的一种是把每堂课看作一个独立的整体。这种课堂教学不要求学生负起责任，去寻找这堂课和同一科目的别的课之间或和别的科目之间有什么接触点。比较聪明的教师，注意系统地引导学生利用过去的功课来帮助自己目前的功课，并利用目前的功课加深理解已经获得的知识。这种教学的结果好一些，但是学校的教材还是脱离实际的……最好的一种教学，是牢牢记住学校教材和实际经验二者相互联系的必要性，使学生养成一种态度，习惯于寻找这两方面的接触点和相互的关系。

没有学生生活经验的课程与课堂是贫血的，缺乏学生真实体验的学习是苍白无力的。课堂教学要把师生的生活经验与生命体验作为根基、根本、根系，这样学科知识才可能在这样的土壤中生根发芽，长叶开花，结果。平纳提出，要获得个体的自由和解放，学校课程绝对不能局限于系统化的书本知识，而要关照个体作为具体的活生生的存在的生活经验。余文森教授认为，体验使学习进入生命领域，因为有了体验，知识的学习不再仅仅属于认知、理性范畴，它已扩展到情感、生理和人格等领域，从而使学习过程不仅是知识增长的过程，同时也是身心和人格健全与发展的过程。课堂观察要观察在课堂生活中，教师是在拒斥还是在迎纳社会生活，是引导延伸向广阔的世界还是把学生闭封在狭窄的生活时空之中。

郭元祥教授认为，教育过程就是引导儿童的生活不断合理重建的过程，实施一种生活的教育。那种向儿童灌输知识，告诉过去模式化的经验，把儿童的现实生活与可能生活隔断，把儿童禁锢在被称为经典的"书本世界"之中而割断他们的个体生活和社会生活的活动，哪里配称得上有魔力和有生命感的"教育"？对理论知识的顶礼、科学世界的独尊和学生生活的冷漠，迫使学生沉浸在各种符号的逻辑演算和知识的被动接受之中。课程缺乏相应的生活意义和生命价值的体现，不能关照学生生活世界，于是课程世界里学生的"失我化"使"人"被隐藏起来。真正的教育教学要引导学生走向生活，走向自我。

课程、教育、教学要与儿童的生活紧密相关，由生活而内化为生命成长的素养，学习才有内在的价值与意义，才能让"儿童以整个身体和整个心灵来到学校，并以更圆满发展的心灵和甚至更健全的身体离开学校"。

三、陶行知

陶行知（1891—1946），安徽省歙县人，中国人民教育家、思想家，倡导及实践"生活教育"及"教学做合一"的教育思想。

教学做合一

——陶行知的课堂评议

【教育家的课堂观察】

案例1 晓庄一带草丛里蛇很多，经常有人被咬伤，不仅农民怕蛇，师生们也怕蛇，迷信的人还说是"蛇娘娘"作怪，碰不得的呢。

晓庄学校的生物指导员姚文采找到陶行知："我想要进行一次蛇的'教学做'，让大家会辨别有毒无毒的蛇，懂得预防和救治的方法，打破恐惧和迷信的心理，你看怎样？"

陶先生很赞同："好的。我想，师范生将来出去都要到乡村办学，乡村蛇多，怕蛇是不行的。我们不仅要交给师范生蛇的知识，还要让他们学会捉蛇的本领。文采，你试试看吧！"

姚文采专程到夫子庙请了两位"蛇花子"来给大家上课。"蛇花子"把师生带到山里，只见他们仔细地观察草丛，一发现动静，飞快地扑上去用手按住"七寸"，然后一手抓住蛇尾，拎起来用力摔几下，没有几分钟，刚才还吐着血红舌头、狰狞可怕的蛇就散了架，成了软绵绵的一根绳子。反复几次以后，胆大的学生开始跟着学捉蛇，石俊同学学得很快，一个人就抓了几条蛇。原来，只要击中要害，蛇并没有什么可怕的。

大家把捉的蛇带回学校，"蛇花子"又接着讲了毒蛇和无毒蛇的区别，讲了常见蛇的种类，什么青竹蛇、火赤链、眼镜蛇、蟒蛇、水蛇等，还讲了被毒蛇咬伤后怎样自救和急救，用哪些药来防治等。

许多人听得很有兴趣，提出不少问题："蛇没有脚，为什么跑得那么快？""蛇没有耳朵，怎么听得见声音？""蛇怎么能吞得下大老鼠呢？""蛇怎么生小蛇呢？"……

"蛇花子"抱歉地说："这些我们就说不清楚了，还是请教你们的先生吧。"

姚文采忙叫大家安静下来："刚才提的问题都很好，以后我们一起来研究解决。关于'蛇'的学问还真不少呢！"

以后，他们又上山捉了好几十条蛇，并分别放在笼子里，写上名称、特点、毒性和被蛇咬伤后的防治方法，还举办了"蛇展览"，供大家参观。

来看"蛇展"的农民很多，他们问：蛇是不是神怪？有没有"白蛇娘娘"？看见两头蛇会不会倒霉？师范生都做了回答。石俊同学还把蛇围在脖子上，缠在腰里戏耍，解除人们对蛇的恐惧心理，既破除了迷信，又普及了科学知识……

晓庄的生物课教学真是既丰富又有趣。陶先生说："这才是真正的活的生物课！"

案例2　山海工学团刚成立的时候，农民的孩子有了读书的地方，烧香拜佛的红庙成了教室，可是没有孩子们用的桌椅。上课的时候，同学们带来自己的凳子，有大有小，高低不一。一星期以后，学校请来了木匠师傅，他闷着头做凳子，一天能做好几个。陶行知走过来，看见木匠师傅满身是汗，就递给他一杯水，说："我们不是请你来做凳子的。"木匠疑惑地望着陶行知："那叫我来做什么？""我们是请你来做'先生'的。""我可不识字。"木匠慌了。陶行知笑着说："我是请你来指导学生做木工的。你如果教会一个人，就可得一份工钱。如果一个也没教会，那么就算你把凳子全做好了，还是一文工钱也得不到。"木匠显出为难的样子。陶行知亲切地说："不要紧，你不识字我们教你。我们不会做木工，拜你为先生。我第一个向你学。"说着，陶行知拿起一把锯，对准木板上划好的线就"吭哧""吭哧"地锯起来。

第二天，广场上摆着木匠工具，老师带着孩子们来学做凳子。有个小朋友嘟囔着："我们是来读书的，不是来做木匠的。"一个大人看见孩子拿起工具，不小心就很容易弄破手，也皱起眉直摇头。这时，陶行知笑着说："我有一首诗读给大家听听：'人生两个宝，双手与大脑。用脑不用手，快要被打倒。用手不用脑，饭也吃不饱。手脑都会用，才算是开天辟地的大好佬。'你们看写得如何？"小朋友都拍手说好，那个大人也不好意思地笑了。

从此，每天孩子们都学做凳子，他们也当"小先生"，教木匠师傅认字。3个月后的一天，教室里的50个孩子，都坐着自己做的凳子。讲台上还有孩子们自己制作的杠杆、滑车等玩具和仪器。家长们挤在窗口、门外，信服地点头叫好。陶行知在讲台前，念起了一首刚写好的诗："他是木匠，我是先生。先生学木匠，木匠学先生，哼哼哼，我哼成了先生木匠，哼哼哼，他哼成了木匠先生。"孩子们看看坐在他们身边一起听课的木匠，大家都笑了。

【教育家的观点】

中国教育之通病是教用脑的人不用手，不教用手的人用脑，所以一无所能。中国教育革命的对策是使手脑联盟，结果是手与脑的力量都可以大到不可思议。

一、 接知如接枝， 要以自己的经验做根

知识有真有伪。思想与行为结合而产生的知识是真知识，真知识的根是安在经验里的。从经验里发芽抽条开花结果的是真知灼见，真知灼见是跟着智慧走的。

我们的问题是要如何运用别人经验里所发生的知识，使它成为我们的真知灼见，而不要成为我们的伪知识。比如接树：一种树枝可以接到另一种树枝上去使它格外发荣滋长，开更美丽之花，结更好吃之果。如果把别人从经验发生之知识接到我们从自己经验发生之知识上去，那么，我们的知识必可格外扩充，生活必可格外丰富。我们要有自己的经验做根，以这经验所发生的知识做枝，然后别人的知识方可接得上去，别人的知识方可成为我们知识的一个有机部分。这样一来，别人的知识在我们的经验里活着，我们的经验也就生长到别人的知识里去开花结果。至此，别人的知识便成了我们的真知灼见，它已经不是别人的知识而是自己的知识了。倘若对于某种知识，自己的经验上无根可找，那么无论如何勉强，也是接不活的。

我们必须以个人的经验来吸收人类全体的经验。孔子说："举一隅，不以三隅反，则不复也。"荀子说："以一知万。"无论他是一隅三反，或是以一知万，那个"一"必定是安根在自己的经验里。自己经验里的"一"是一切知识的起点。有了这个"一"，才能收"三反""知万"之效。

二、 社会即学校， 生活即教育

我以前曾经写了一首白话诗，诗的第一句说："宇宙为学校。"此话怎讲？就是想把我们的学校除墙去壁，拆掉藩篱，把学校和社会、和自然联合起来。这样一来，学校的范围广而且大。第二句："自然是吾师。"大自然便是我们的先生。第三、第四句说："众生皆同学，书呆不在兹。"这样一来，我们研究切磋的同学很多，学问也因此很广，先生办复不少。

学校即社会，就好像把一只活泼泼的小鸟从天空捉来关在笼子里一样。它要以一个小的学校去把社会上所有的一切东西都吸收进来，所以容易弄假。社会即学校则不然，它是要把笼中的小鸟放到天空中，使他能任意翱翔，是要把学校的一切伸张到大自然里去。要先能做到"社会即学校"，然后才能讲"学校即社会"；要先能做到"生活即教育"，然后才能讲到"教育即生活"。这样的学校才是学校，这样的教育才是教育。青天是我们的圆顶，大地是我们的地板。太阳月亮是我们的读书灯，二十八星宿是我们的围墙。人民创造大社会，社会变成大学堂。

没有生活做中心的教育是死教育，没有生活做中心的学校是死学校，没有生活做中心的书本是死书本。在死教育、死学校、死书本里鬼混的人是死人——先生先死，学生是学死！先死与学死所造成的国是死国，所造成的世界是死世界。

从平面三角到立体几何。以前的教育，是从口里出来，耳朵里进去；或从眼睛里进去，又从口里出来。荀子说："小人之学也，入乎耳，出乎口。口、耳之间则四寸耳。"口耳眼之间距离各约四寸，可以算它是平面三角的教育。现在是要立体几何的教育呢！因为"生活即教育"，是有的生活要手脑联盟起来一起干，有的要用脚一起干，有的要运用全身的力量来干，才干得好，才干得出色。

三、教学做合一

从前是先生教，学生学。教而不做，不是真教；学而不做，不是真学。故教而不做，不是先生；学而不做，不是学生。在做上教，才是真教；在做上学，才是真学。真教，才是先生；真学，才是学生。这就是我们主张的"教学做合一"。

教学做合一是生活法，也是教育法。它的涵义是：教的方法根据学的方法；学的方法根据做的方法。事怎样做便怎样学，怎样学便怎样教。教与学都以做为中心。……我们怕人用"做"当招牌而安于盲行盲动，所以下了一个定义："做"是在劳力上劳心。因此，"做"含有下列三个特征：行动，思想，新价值之产生。既是这样，那么我们可以说：不做无学，不做无教。不能引导人做之教育，是假教育；不能引导人做之学校，是假学校；不能引导人做之书，是假书本。在假教育、假学校、假书本里自骗骗人的人，是假人——先生是假先生，学生是假学生。假先生和假学生所造成的国是假国,所造成的世界是假世界。

教学做是一件事,不是三件事。我们要在做上教,在做上学。在做上教的是先生,在做上学的是学生。从先生对学生的关系说:做便是教。从学生对先生的关系说:做便是学。先生拿做来教,乃是真教;学生拿做来学,方是实学。不在做上用功夫,教固不成为教,学也不成为学。

[上述案例及观点分析自《陶行知教育名篇》(方明编,教育科学出版社,2005年1月第1版)、《陶行知教育名篇精选(教师读本)》(周洪宇编,福建教育出版社,2013年9月第1版)、《陶行知全集》(方明主编,四川教育出版社,2005年6月第1版)等书摘录整理]

【我的感悟思考】

手脑心合一

一次,陶行知去朋友家。朋友正被五岁的儿子闹得心烦意乱、无计可施。一见大教育家来了,朋友的太太就问:"大教育家你说怎么办呢?我家的小子淘气得不得了。"接着便滔滔不绝地诉苦:"这孩子昨天把我的怀表拆了,气得我把他狠狠地揍了一顿,老实半天。这不,他又开始到处摸、到处动,都五岁了,还不能稳稳当当坐一会儿。"陶行知听后叹息道:"可惜了,可惜了!你杀死了一个爱迪生呀!"那太太不解地瞪着两只大眼睛望着他。他解释道:"你的儿子五岁就能拆怀表,说明他很聪明,也很能干。当然他还没有聪明能干到可以再把怀表组装起来的程度。他的聪明灵气让你给打跑了,他的双手和大脑让你打得不敢动了,岂不是打杀了有可能成为爱迪生一样的科学家吗?""啊呀!那我该怎么办?"太太急切地问。陶行知不慌不忙地说:"你应当鼓励他,同时,带他一道把表送到钟表铺去修理,并让他留心察看钟表师傅是怎样把表装起来的。平时,你可以引导他玩些科学把戏,培养他动手动脑的能力和习惯。将来或者能成为科学家哩！"将怀表之类的东西拆下，寻常眼光认定是"破坏"，而教育的视角则以为是"创造"。凭什么可视为"创造"呢？因为在拆装怀表的过程中，陶行知看到的是儿童的"手脑心合一"的学习。

一、手脑心结合是对体验的召唤与身心交融式学习的回归

陶行知先生提出，中国有两种病。一种是"软手软脚病"，一种是"笨头笨脑病"。害"软手软脚病"的人，便是读书人，他的头脑一定靠不住，是呆头呆脑的。而一般工人农民都是害的"笨头笨脑病"，所以都是粗手粗脚。一个人要有贡献于社会，一定要手与脑缔结大同盟。然后，可以创造，可以发明，可以建设国家……我们时常说，"十指连心""心灵手巧"，这都是意指身体的动作与心灵的智慧是密不可分的。通过身体的全方位、全过程的参与和活动，知识、手、脑、心都会相互滋养相互融会贯通。

苏联教育家阿莫纳什维利请教教育家赞科夫：什么是教育，什么是一般发展？赞科夫伸出双手，然后用手指了指额头，再指了指胸口，说："智慧、心灵和双手——三者的整体性与和谐，这就是一般发展的实质之所在。"阿莫纳什维利完全赞同赞科夫的见解，他认为："儿童单靠动脑，只能理解和领悟知识；如果加上动手，他会明白知识的实际意义；如果再加上心灵的力量，那么认识的所有大门都将在他面前敞开，知识将成为他改造事物和进行创造的工具。"

二、具身性学习，是让知识与儿童身心都处于生成与激活状态

我们学校的学习，长期以来一直是罗杰斯所说的"脖子以上"的学习。学生们一入校门便如蝴蝶标本一般被钉在狭窄的课桌上，被迫安静地听与写。正如杜威先生在《民主主义与教育》写道：身体活动被认为和精神活动毫无关系，它使人分心，是应该和它斗争的坏事。学生有一个身体，他把身体和心智一起带到学校。他的身体不可避免地是精力的源泉；这个身体必须有所作为。但是，学生的身体活动，并没有用来从事能产生

有意义的结果的作业……对身体性学习的漠视与打压，使学习、知识、儿童都陷入死气沉沉的泥淖。

眼中过，口中过，手中过，心中过，最后才能心中住。学习是眼耳口鼻身舌意心等全感官、全身心积极参与的过程。尼采说："兄弟啊，在你的思想与感情后面，有个强力的主人，一个不认识的智者——这名叫自我，他寄寓在你的身体中，他便是你的身体。"身体哲学在尼采的哲学中被放到重要的位置。20世纪80年代，以大脑、身体和环境相互作用为核心观点的具身认知范式兴起，其要义是"人的身体在认知的过程中起到非常关键的作用；认识是通过身体的体验及行为的活动方式而形成的"。

具身认知理论认为，人在思考，不仅仅大脑在思考，身体也在思考。"身体在哪里，心就在哪里；身体在做什么，心就在做什么；手在做什么、脚在哪里，你的心就在哪里。"

四、 陈鹤琴

陈鹤琴（1892－1982），中国著名儿童教育家、儿童心理学家，中国现代幼儿教育的奠基人。提出了"活教育"理论，编写幼稚园、小学课本及儿童课外读物数十种。

追求"活"的教育

——陈鹤琴的课堂评议

【教育家的课堂观察】

案例1 有一天,我在上海参观一所小学。还没走进教室,就听见小朋友齐声朗诵,什么"嗡嗡嗡,嗡嗡嗡,飞到西,飞到东,一天到晚忙做工"。我就进去问小朋友说:"哪个看见过蜜蜂,举手!"四十来个小朋友之中,只有两个举起手来。这种知识,有什么用呢?这种书本的教学,真是害人。小孩对于蜜蜂,完全没有经验,读了一课《蜜蜂》,不知道蜜蜂是什么东西,蜜蜂怎样工作,怎样生活,对于人有什么关系。这种种重要的事实,小孩子茫然不知。小孩子所知道的,只是会飞会叫的飞虫而已。我们为什么不教小孩子去研究真的蜜蜂呢?我们为什么不向大自然领教呢?

有一天,我去参观另一所小学。学校在一个小菜场的后面,参观之后,我就问教自然的老师:"你教自然有什么困难呢?"他说:"自然真不容易教,没有标本,没有仪器,怎样教得好呢?"我就转过身来指着前面的小菜场对他说:"这不是你的标本,你的仪器吗?一年四季,季季有各种蔬菜,天天都有新鲜的鱼虾。在这个时候,你可以买几个红萝卜来,把它切成两段,把生叶子的这一段,用绳子做一个网儿挂起来,再在剖开的一端挖一个洞，洞里放一点泥，种点豆儿葱蒜，天天浇浇水。过了几天，叶子生出来了，葱豆都发出芽来了。再过几天，葱豆都发荣滋长，葱茏可爱，挂在教室里，好像一盏红灯笼，鲜艳夺目，非常美丽。在这个活动里，小朋友可以知道种子怎样发芽，植物怎样生长，也可以把教室布置得新颖悦目。这种教材多么有生气！多么有意义！"

我又对他说："鱼虾是很好的教材，菜场里蚌、蛤、鱼、鳝、虾、蟹，种种不同的生物，都可以做儿童的好教材。你可以买几条鱼来，同儿童研究一下，鱼怎样会游水的，怎样会游上游下，转弯抹角，怎样呼吸，怎样食物，这种种问题，都可以试验研究。"

"你滴一点墨水在水里，就可以看见鱼会把墨水从嘴里吸进去，再从腮里吐出来。"

"你也可以把鱼剖开来，看鱼鳔是怎样的，鱼鳔有什么用处。假定你再研究高深一点，你要知道鱼在水里呼吸什么东西，除了吃小虫之外，它是不是需要空气的。你也可以把它试验一下，它不吃小虫，还能活的，若吸不着空气，就会死的。怎样试验呢？这也简单得很！"

"你若把它放在普通的水里，看它怎样，你再把它放在冷开水里，看它怎样。"

"这个小菜场，是你的标本，是你的仪器，是你的宝库，即所谓'取之不尽，用之不竭'，这是活教材，这是活知识，这是活教育。小孩子看了一定很高兴，做起来一定很快乐，所得到的知识很丰富，所得到的观念很正确。"

案例2 有一天，一个 9 岁的小孩子问我："竹管里有空气吗？如果有的话，怎样进去的？"这个问题是多么好！我们应当怎样鼓励他去想出种种的方法，来解决这个有意义的问题？那时我也答不出来，想了几天，我就同他共同来研究这个问题。

我们预备了一根两端有节的竹管和一桶水、一个钻子。我先把竹管放在水里问他："假使竹管里没有空气，我把竹管钻一个洞，你留心看水会怎么样。假使竹管里有空气，你想什么东西会从竹管里出来？"问了以后，我就在节上钻了一个洞，一个一个的小泡从小洞中钻出来了。他看见了小泡，就喊起来："空气！空气！"

这个小小的实验，证明竹子里有空气，小孩子自己亲眼看见的。这个实验，假使小孩子大一点的话，应当自己去想出来，不过因为他年龄太小，一时想不出来，所以我同他一起做。等到小泡泡一出来，他就想到这是空气。这一点我们可以不必告诉他，泡泡就是空气。假使连这一点我们都要告诉他，那这种实验，就没有多大意义了。

过了一年后，他在学校里，也做这个实验，老师问他说："空气怎样进去的？"他能够回答说："竹管里有空气，从小就有的。有什么证据呢？我看见竹子里面有水，有水就有空气，因为水里是有空气的。还有，水能够进去，空气也能进去的。"这个10岁的小孩子一年的功夫，能够有这种思想，这种理解，那将来当未可限量。这个小孩子在9岁以前，已经能够自动地思想。做父母的做教师的，也能够鼓励他思想，所以到今天，他的思想比十五六岁的孩子还要来得深刻呢！

【教育家的观点】

"教死书，死教书，教书死。读死书，死读书，读书死。"这两句话，是陶行知先生在10年前（写作本文的时间为1939年——编者注）描写中国教育腐化的情形。这种死气沉沉的教育，到今天恐怕还是如此，或许更糟一些。我们应当怎样使得这种腐化的教育，变为前进的、自动的、活泼的、有生气的教育？我们该怎样使教师教活书，活教书，教书活？我们该怎样使儿童读活书，活读书，读书活？

一、自然与生活是最好的教师和课程

大自然是我们最好的教师。大自然充满了活教材，大自然是我们的教

科书，我们要张开眼睛去仔细看看，要伸出两手去缜密地研究……这种有价值的活教材，在大自然中多得很。种地是最好的活动，什么蔬菜，什么山薯，什么玉蜀黍，什么萝卜，无数的东西都可以做种植的好材料。饲养家畜，也是很有价值的好活动，什么养鸡养鸭，养猪养羊，养蜜蜂，都富有生产意义。

所以亲爱的教师，书本上的知识，是间接的知识，你要获得直接的知识，确实而经济，你应当从大自然中去追求，去探讨。大自然是我们知识的宝库，是我们的活教材、活教师，我们应当向它领教，向它探讨。大社会何尝不是我们生活的宝库，何尝不是我们活的教材、我们活的教师呢？

这个世界是多么神秘，这个社会是多么复杂。这次抗战，是我们民族史上最伟大的、最光荣的战争。这次的欧洲大战，是法西斯主义与民主主义的大决斗。我们做教师的，为什么不教学生研究时事，探讨史地？从研究时事中我们可以得到宝贵的教训，从探讨抗日与欧战有关的史地中我们又可以得到宝贵的活知识。我们若一研究这次敌人进攻沿海各城市，就可以研究出各城市对于抗战的重要性。比如敌人为什么要占领宁波、台州、温州、福州、余姚、绍兴呢？……这种教学，教师教起来，多么生动，多么深刻；学生学起来，多么兴奋，多么有趣。我们何必一定要把一部活地理四分五裂，呆呆板板地教小孩子死记死读；我们何必一定要把一部中华民族进化史支离破碎，一朝一夕呆呆板板地教小孩子死读死读呢？……大自然大社会都是我们的活教材。

二、世界与生活是儿童学习的宝库

学校里所学的实在是很少，即使教师拼命地注入、填塞，而儿童所学的东西，还是不够应用。况且所填塞的东西，都不容易消化，不容易理解，吃了进去，也是如同吞枣，而和学问和修养，仍是没有多大关系的。

在学校里，教师教一样，你学一样；教师教两样，你就学两样；教师不教，你就不学。一学期薄薄的几本教科书，就可作为教师唯一的教书法宝，就可作为儿童唯一的知识宝库。

"把一本教科书摊开来，遮住了儿童的两只眼睛，儿童所看见的世界，不过是一本6寸高、8寸阔的书本世界而已。一天到晚要儿童在这个渺小的书本世界里面去求知识，去求学问，去学做人，岂不是等于梦想吗？"儿童的世界多么大，有伟大的自然亟待他去发现，有广博的大社会亟待他去探讨。什么四季鲜艳夺目的花草树木，什么光怪陆离的虫鱼禽兽，什么变化莫测的风霜雨雪，什么奇妙伟大的日月星辰，都是儿童知识的宝库。

大社会也是儿童的世界，家庭怎样组织的，乡镇怎样自治的，社会上的风俗习惯怎样形成的，国家怎样富强的，世界怎样进化的，这一切社会的实际问题，都是儿童的活教材。

三、自求自得是"活"教育的灵魂

"做"这个原则，是教学的基本原则，一切的学习，不论是肌肉的，不论是感觉的，不论是神经的，都要靠"做"。

在学校里的一切活动，凡是儿童自己能够做的，应当让他自己做，做了就与事物发生直接的接触，就得着直接的经验，就知道做事的困难，就认识事物的性质。要知道做的兴趣，愈做愈浓；做事的能力，愈做愈强。

你不应该直接去告诉他种种的结果，应当让儿童自己去实验、去思想、去求结果。他的方法不一定对，他的思想不一定正确，他所获得的结果不一定满意；我们教师的责任，是从旁指导儿童，怎样研究，怎样思想。越俎代庖，是教学中的大错。直接经验，自己思想，是学习中唯一门径。

教学就是"寓学于做"：换一句话说，就是要在工作的时候，实地学习……学生在做的时候去学习，教师在做的时候认真去指导，然后学生得到的知识技能，才能正确无误，教师指导的时候，才不致空言无补了。

"儿童的世界，是儿童自己去探讨，去发现的。他自己所求来的知识，才是真知识；他自己所发现的世界，才是他的真世界。"

[以上案例及观点分析自《怎样做小学教师》（陈鹤琴著，华东师范大学出版社，2013年7月第1版）摘录整理]

【我的感悟思考】

在大自然中自由探索

一、 自然是心性的护栏与智慧的母乳

作家三毛在台湾邀几个孩子去看海，以使他们领略自然之美。孰料孩子们一路专注于手中的游戏机，到了海边仍不为所动，并且失望地说：这就是海啊，我们回去吧，六点半动画片要开始了！三毛将这样的儿童称为"塑料儿童"。

许多关于孩子的对日常生活常识及大自然的看法的"聊斋"及"神话"流传甚广。诸如什么"鸡蛋是哪里来的？孩子们不假思索、自信满满地称是从冰箱里来的""米是哪里来的？孩子们也是自信满满地说，是从超市中来"……这不是脑筋急转弯。古人批评的"四体不勤，五谷不分"的现象在现代教育界已是普遍得习以为常了。城里很多孩子关在钢筋水泥制造的世界中，几乎没有接触过大自然的山山水水、花鸟鱼虫。教育密闭在书册的方寸之间，没有自然与生活的灵气。专门研究家庭关系和儿童教育的作家理查德·洛依，写了本《丛林中的最后一个孩子》，他提醒我们注意，孩子们了解自然的知识越来越多，和自然的接触却越来越少，这有可能带来意料之外的结果：自然缺失症，而这也许是很多令人担忧的儿童行为异常的原因。

人类是大自然之子。诗人们常虔诚地称，自己是自然的仆人。自然是人类最伟大的导师，我国古代就有"道法自然"之说；自然是宇宙间最奇妙的一本书，它成就着人类读书的最高境界，就是从无字处读书；自然是天地间最伟大的一所学校，只有外师造化者才能内得心源……然而现代文

明离自然越来越远，现代教育与自然越发隔离，人和自然之间那亲密的情感脐带已断裂得难以弥合。诗人徐志摩在《我所知道的康桥》中写着："人是自然的产儿，就比枝头的花与鸟是自然的产儿；但我们不幸是文明人，入世深似一天，离自然远似一天。离开了泥土的花草，离开了水的鱼，能快活吗？能生存吗？从大自然，我们取得我们的生命；从大自然，我们应分取得我们继续的资养。"

更何况，教育自其诞生之日便与大自然血肉相连、气脉贯通的。遥想古希腊大哲学家亚里士多德在雅典创办的里克昂学校，与现在的封闭式教育相比真是天壤之别。亚里士多德在密林成荫的小道上一边散步，一边与弟子们畅谈各种学术问题，令人在悠然自得中增长见识、获得学问。人们把亚里士多德学派称为逍遥派。回眸中国的孔老夫子更是周游列国，玄歌诵读习礼于树下，而道德文章日益精进。古代的书院设置在名山大川实在是用心良苦。在"仁山智水"中怡情悦性、陶冶情操、培育趣味。卢梭的湖畔修隐正体现了他自然教育的思想；苏霍姆林斯基的"蓝天下的学校"正是让孩子们在自然中滋育天性，丰富心灵；陶行知的"晓庄学校"把自然的教育发挥得淋漓尽致……明代洪应明在《菜根谭》中写道，草色花英无非见道之文，鸟鸣虫唱尽是传心之诀。从自然中学习有着鸢飞鱼跃的生机，有着欣欣向荣、载欣载奔的生命力。

大自然与生活是一门最古老又亲切的课程。新的课程理念，提倡大课程观、活课程观，让孩子谛听大自然的启示，探索人生的奥义，获得灵性的舒展。

二、自主与探究是生命成长的源泉

有一次，福尔摩斯捡到一顶躺在大街中央的帽子，经过一番打量，说这顶帽子的主人因为酗酒而毁了自己的前程，他的妻子也不再像以前那样爱恋他了。对福尔摩斯这样的人来说，生活不可能是无聊的。美国物理学家费曼生前做最后一次癌症手术时，医生告诉他，这次也许撑不过去了。

他说:"如果是这样,拜托帮我把麻醉解除,让我处于清醒状态。""为什么?""我想知道生命终结时是什么感觉。"有了极度的探究欲,连自身的死亡都可以是一件兴致盎然的事情。

在这样的案例中,我们发现了:自主探究是人类的天性。自主探究是孩子与生俱来的。个体生命的成长过程就是不断地走向自主的过程。马克思主义哲学观中关于人的本质问题是这样论述的——人的特性是自由自主的活动。每个生命都有不断成长的勃发力量,生命不息,成长不止。就像苏联教育家阿莫纳什维利所认为的,"儿童的灵魂不是一堆无生命的建筑材料。实际上,儿童的灵魂是一种生气勃勃的精神、激情、改造和创造的力量"。我们的教育及课堂教学要顺应生命成长的需要,创生煦育灵性,化育天性,滋养个性的精神生活与学习方式。"未来的学校必须把教育的对象变成自己教育自己的主体。受教育的人必须成为教育他自己的人;别人的教育必须成为这个人自己的教育。"学习是一种生命的成长。而自己是自己生命成长的第一责任人。对每个生命个体而言,自己是学习的起点,也是学习的终点。学习是自己生命的一种修炼,人生是通过持之以恒的学习来修炼自身。过于仰赖他人与外界的"设计"的人,往往是不堪造就、难以成器的,乃至于难成真正意义上的人。正是从这个意义上看,罗杰斯在《自由学习》提出,我想要谈论的是真正的学习,而不是将无助的个体牢牢地绑在凳子上,再将一些无趣的、枯燥的、毫无价值的、学过就忘的知识灌输到他们的脑子里!我正在谈论真正的学习,这种学习是青少年受永不满足的好奇心驱使,不断去吸收他们看到的、听到的和读到的一切有意义的东西。我谈论的也是真正"学"的学生,这类学生会告诉你:"我正在从外界发现和汲取知识,并将它们变成自身的一部分。"

陈鹤琴先生提出,活教育与死教育的区别之一:"一切教育,集中在'做',做中学,做中教,做中求进步。"在课程方面,活教育表现为"以大自然大社会做主要的教材,以课本做参考资料,这是直接的活知识,是直接的经验"，"各科混合或互相关联"，"儿童自己做"，"生气勃勃"。而死教育表现为"以课本做主要教材，是间接的死知识，是间接的经验"，"各科独立而不相联络"，"现成的，由教师代做"，"枯燥无味"。只有面向大自然，面向大生活，面向大社会，主动探究，才能实现"活"的教育、"活"的学习。

五、赞科夫

赞科夫(1901—1977),苏联著名教育家、心理学家,主要著作有《教学与发展》《教学论与生活》《和教师的谈话》《论教学论研究的对象与方法》《论小学教学》等。赞科夫一生从事教育教学工作,把毕生精力献给了"教学与发展问题"的实验研究。

儿童沸腾的精神生活

——赞科夫的课堂评议

【教育家的课堂观察】

乘法口诀的教学。通常在教某一个数的乘法口诀时，总是选通过加法来引导学生编制和抄写乘法表。如果学的是 4 乘以某个数，例如 4×6，那就先把 4 作为被加数重复 6 次，再用乘法加以替换：$4 \times 6 = 24$。此后就进行记忆这些口诀的练习，在解答应用题时使用乘法表，而且，布置的家庭作业也是熟记乘法表。

乘法表的这种教法，我们是很熟悉的。在这里，很大负担落在学生的记忆上：他们的主要任务是背熟乘法表，并且在解答试题和应用题时要能回想起这些口诀来。

这种课还有另一种教法。譬如说，我们假设学生已经学过了"2"这一栏的乘法口诀，现在正转到编制"3"这一栏的口诀。教师向学生提出一个问题："3"这一栏的口诀从哪儿开始？它的第一行应当是什么？一个较差的学生萨沙回答说"应当从 $3 \times 1 = 3$ 开始"。另一个叫柯里亚的学生不同意。教师问他为什么不同意。柯里亚说出了他不同意的理由：因为在课堂上已经讲过，一个数乘以 1，其积不变。既然我们已经知道这一条，乘法表里何必还要写 $3 \times 1 = 3$ 这一行呢？教师肯定了柯里亚的意见，并且补充说：乘法表应当简短一些，才便于记忆。的确，不需要记忆的这一行，就用不着写出来了。因为，当我们要知道3乘以1的得数时，不要乘法表也知道是等于3。

这时候另一个叫柳达的女孩子加入了讨论：她想表示自己同意教师的说法，并且证明柯里亚的意见是正确的。她建议大家回想一下"2"这一栏的口诀。教师支持柳达的建议。孩子们翻开自己的笔记本，满意地发现，里面没有2×1这一行。

有位教师在听课过程中探讨：我很高兴看到，孩子们对乘法表的编排是这么关心。这就是说，他们把学习看成是自己很关切的一件事，而不是强加给他们的任务。这种教法很好！不过我还有一点不大明白：为什么要花费这么多时间来说明乘法表的编排顺序呢？平常不是这么做的。教师只要说一声，某一行不要写，不就完了吗？

赞科夫作出回应：既然您提到应当节约时间，那么，我们就先谈谈这个问题吧。您说，当教师告诉儿童应当怎样做的时候，所花费的时间应当节约一些。但是您忽略了另外一种情况，就是如果现在不把所学的教材彻底弄懂，那么以后就不得不一遍又一遍地重复讲解同样的东西，花费更多的时间。

这位老师恍然大悟：的确如此！我在听课时，甚至是很有经验的教师上的课，常常看到，教师反反复复地讲解同一项材料，从而占用了大量的时间。

我们不能忽视这样一点，就是让学生自己去寻求问题的正确解答。这不仅对他们领会知识和掌握技巧，而且对他们的发展都具有重大的意义。在我们刚才介绍的那节课上，就是让孩子们自己去议论，去争辩，去论证自己的意见的。他们在积极地开动脑筋。孩子们对"解开这些谜语"的兴致很高。

这样日积月累下来，学生的发展水平提高了，就为提高知识质量打下可靠的基础。如果我们能在学生的发展上取得较大的进展，那么不需要额外增加教学时数就能够在教学上得到好的成绩，而且这样所花费的时间反而会大大减少。因此单从所花费的教学时间上来说，这样做归根到底还是很合算的。

当讲清楚某个数乘以1不需要列入乘法表以后，教师向学生提出了这样的问题：怎样继续编写乘法表？在解决这个问题的过程中，孩子们纷纷提出建议，对同学们的判断表示怀疑，并且说明怎样正确而合理地解决这个问题的理由。讨论到最后，大家一致同意："3×2"不应当编进乘法表，因为在"2"这一栏里已经有一个"2×3"了。遇到这种情况时，应当运用乘法的交换律：2×3＝6和3×2＝6是一样的。

在另一节课上，教师让孩子们把乘法表里"3"这一栏的口诀抄出来，并且一行一行地上下排列出来：3×4＝12；3×5＝15；3×6＝18；3×7＝21。教师要求孩子们把每一行跟下面的一行加以仔细比较，并且问他们有些什么发现。孩子们纷纷举手，教师喊了一个较差的学生尤拉来回答。尤拉说，在"3"这一栏的乘法表里，所有各行的被乘数都一样——"3"。这时候学生们又纷纷举手要求发言，教师疑惑地对全班学生说："你们为什么又举手呢？难道尤拉说的不对吗？"孩子们脸上露出微笑，眼睛发出兴奋的光芒。薇拉用开玩笑的口吻说："老师，难道我们举手，就表示别人说的不对吗？"尼娜忍住笑声，坚定地说："尤拉说的是对的，但是不完全！"从孩子们的面部表情可以看出，他们同意尼娜的意见。有几个学生忍不住了，大声地说："对！是这样！"全班都很激动，大家都"求战心切"，每一个人都希望教师提问到他。鲍里亚真幸运，教师让他来回答。他解释说，不仅所有各行的被乘数是一样的，而且每向下移一行，所得的乘积就比前一行大"3"。孩子们是那么聚精会神地听着鲍里亚的回答，就像这个回答决定着他们的命运似的！直到鲍里亚回答完毕，大家才轻松地出了一口气："对呀！"可是，事实上回答还不够充分！教师夸奖了孩子们，但是仍旧不让他们松气，因为最主要的东西还没有被揭示出来：为什么每向下移一行，所得的乘积比前一行大"3"呢？孩子们又在思考了，不过这一次他们很快就找到了正确的答案，因为前面进行的探索已经为此准备了有利的条件。

上述的这些事实证明，在对待数学里那些非常"枯燥"的章节上，教师还是能够激发学生积极思考的。在这些课堂上，学生的精神生活照样能够变得既生动又充实！可是，毋庸讳言，那些训练技巧的课，常常上得单调乏味，枯燥得要命！

【教育家的观点】

我认为，我们在谈论儿童的生活时，应当分析一下什么叫生活。生活就是人（也包括一切有机体）的生理的存在。这就是说，人在呼吸，他的心脏在跳动，消化器官在工作，感官在活动，等等。从这个意义上来说，当然，在任何一节课上，不管课是怎样上的，学生都在生活。但是，还应当从精神生活（人的思想、感情、愿望）的意义上来理解生活。精神生活可能是积极的、丰富的、多方面的，也可能是贫乏的、萎靡不振的、单调的。

这一教学法的要点，也像整个实验教学论体系一样，首先在于要使儿童在学习过程中有一种生气蓬勃的精神生活。

一、儿童的学习要有一定的"难度"

在这里回忆一下列夫·托尔斯泰的忠告是有益的，他说："为了使儿童对人们教给他的东西能够理解和感兴趣，你们要避免两种极端：不要对儿童讲那些他不能知道和不能理解的东西，也不要讲那些他知道得并不次于教师，有时甚至胜于教师的东西。"如果教师讲的尽是儿童已经知道的东西，那么儿童就会感到兴味索然，枯燥乏味，最后对学习完全丧失兴趣。

如果教材和给学生出的题目大大低于他的能力，如果儿童的精神力量不派用场，那么他的发展就进行得缓慢无力。儿童的智力、情感和意志也像肌肉一样，如果不加强锻炼和给以正常的负担，它们反而会衰退，不仅得不到应有的改进，有时还会变得迟钝起来。

这里使我想起条件反射理论的创始人巴甫洛夫的话。如果刺激集中在大脑皮层的一个地方，或者像巴甫洛夫实验室里常说的那样，"盯在一个细胞上"，就会使这个细胞进入无兴奋状态，于是出现睡眠——完全的或局部的睡眠。可以设想，让学生接连不断地去完成千篇一律的练习，他就会堕入半睡眠状态。

教师竭力要使一切都显得有条不紊，无懈可击。但是，年龄那么小的学生不可能把一切都做得完美无缺，于是成年人就提供现成的格式，学生只要记住这些格式，然后照做照写就行了。有时候，教师把每一个步骤都告诉学生，儿童充当执行者的角色，只是偶尔加进去一点自己的东西。照背那些不触及自己心灵的词句，亦步亦趋地按教师的指示办事，就不可能使儿童在个性上有深刻的进展，不可能使这种进展成为儿童享用一生的真正财富。

传统教学体系的特点，就是错误地把学习过程变得过分容易……其实，应当遵循一条与此相反的原则：把教学建立在高难度的水平上（当然，这样做的时候要严格掌握难度的分寸）。只有这种能为学生紧张的脑力活动不断提供充足的"食粮"的教学，才能使学生得到迅速而积极的发展。

二、营造一种自由探索与快乐的学习情境

高年级学生对于学校在他们的教育上造成的缺陷，是有相当深切的体会的。我们曾对一组即将毕业的学生建议，请他们回答这样一个问题："学校在哪一点上没有教好你们?"下面是学生提的几条意见："学校很少教给我们创造性、首倡精神和独立性，甚至没有教给我们勇敢和大胆想象的精神。我们没足够的勇气自己替自己做主，而是常常把自己的问题推给教师和家长去决定。""在学校里，我们很少思考，而更多的是书。"

积极的精神生活并不是靠记忆来工作，而是要思考、推理、独立地探求问题的答案。由于这样的教学安排，学生的知识更深入了，他们的探索性的思维发展了，他们渴望着越来越深刻地认识事物，不断地前进。儿童对知识的渴望越来越强烈。他们体验到紧张的脑力活动后的满足，乐意去完成复杂的作业。

不应当把儿童在课堂上的积极而充实的精神生活理解成连续不断的紧张状态。所谓儿童的生活并不是指让每一个人单独地去苦思冥想。孩子们是在跟教师、跟同学一起交谈自己的想法，有时是相互争论。这里面有游戏的成分，有开玩笑，也有笑声……当然，儿童在课堂上的生活，毕竟是以学习为主的一种精神存在的特殊形式。可是，只要是真正的、有血有肉的、不故意造作的生活，它就会既自由自在又丰富多彩。

教学法一旦进入学生的情绪和意志领域，触及学生的精神需要，就能发挥高度有效的作用。

［以上案例及观点分析自赞科夫的《和教师的谈话》（杜殿坤译，教育科学出版社，1980年9月第1版）、《论小学教学》（俞翔辉译，教育科学出版社，2001年1月第2版）、《当代教育思想研究》（毕淑芝、王义高主编，人民教育出版社，2002年8月第2版）等书摘录整理］

【我的感悟思考】

美好的课堂生活拥有哪些要素

理想的课堂是什么样呢？套用一句美学用语："一千个学者，有一千个课堂。"然而，探源溯本，我们就会发现好的课堂不是漫无规律、毫无章法的，相反，好的课堂一定有其内在的规律，蕴含着教育教学的真谛与生命成长的机理。

自由的呼吸。自由是智力生活中最为关键的要素，如鱼得水，如鸟入林。美好的课堂在于创造一种自由的空气。美国人本主义心理学家罗杰斯认为，"心理气氛"对课堂教学来说是至关重要的，良好的"心理气氛"形成与否直接决定了教学活动的成败。罗杰斯还提出两个有利于创造力培养的条件，即"心理安全"和"心理自由"。显而易见，自由的学习就是一种创造性的智力活动，是一种心灵的舒展。只有自由自在、无拘无束的课堂气氛才能滋育出健康阳光、蓬勃向上的生命气象。在这样的课堂中，每一个人形体自然、身心自在、心灵自由。自由的课堂意味着，摒弃僵硬的条条框框的束缚，拆除禁锢精神的壁垒，让思想的灵泉盈盈流动，曼舞轻扬。

快乐的旅程。快乐是生命的亮色，也应该是课堂的底色。"生而寡欢无趣，何生之有？学而寡欢无趣，何学之有？"一部《论语》就是一部师生之间其乐融融、其趣浓浓的教育史。没有欢声笑语的课堂是死气沉沉的课堂，没有相视一笑、莫逆于心的体验的学习是一种刻板的训练，没有内在愉悦和身心欣喜的教育是对生命的一种背离。快乐不是简单的课堂的点缀与调节，而是教学成果的重要标志与体现。开心，才能"心"开。当一个人开心时，他的心窍就自然而然地打开了，聪明和灵感就汩汩涌流。当然，这种学习快乐不能仅仅停留在浮泛肤浅的感官的快乐，而应是师生共同发现内心的欣悦，感受学习的欣悦。学有所思，学有所悟，学有所得，学有所长，便学有所乐。所谓的"笃实而生光辉"，因内心的充实、丰盈，从而生发出内在的快乐。苏联教育家阿莫纳什维利在其著作中无时无刻不呼唤着课堂快乐和快乐课堂。他说："如果哪儿的学校生活暗淡无光，不是儿童终生难忘的最幸福的时刻，对此，教育学的科学采取听而不闻、视而不见的态度是不能容忍的，哪怕聋一个耳朵、瞎一只眼睛也不行。"

智慧的探索。从某种意义上讲，教育和课堂也是一种灵魂的探险，人生的探讨，心灵的探索。人生有无限可能，因此它辽阔无垠；思想无限丰富，因此它永无边界；知识如恒河沙数，因此它浩淼无际……正如雅斯贝尔斯所言："问题是永无终了的，心灵是永无止境的，结论性的答案是永无可能的。"于是，课堂注定要成为"智慧"的养育所与集散地。理想的课堂便是智慧的对话，文化的对话，思想的生成。按照法国社会学家埃德加·莫兰的观点，文化对话意味着观点的多元性与多样性；意味着文化交往，意味着信息、思想、观点、理论的多种交流；意味着允许思想、观念和世界观的冲突。这是一种海纳百川、虚怀若谷、兼收并蓄的智慧的交流，是师生与文本间的互动生成。课堂教学是师生与环境之间多方、多边复合的互动交流的生成过程。美好的课堂应该是"杂花生树，群莺乱飞"，应该是"山鸣谷应，音韵谐和"，有不齐之齐的美感。不关注师生的互动生成，就是人为地割裂了教与学的血脉关系。这种割裂必然造成教的盲目与茫然，学的困苦与低效。只有师生互动生成才有教学相长，才有教学相乐。生成的课堂，是智慧的课堂，也是思想的课堂，文化的课堂！

生命的成长。中国人民大学黄克剑教授认为，教育可以放在三个相互贯通的层面上去理解，即授受知识、启迪智慧、点化和润泽生命。而教育及课堂的最高境界就是点化和润泽生命，教育及课堂的第一使命就在于促进学生精神成长。引导学生在课堂中寻求与自己精神血脉互通共融的气息，营建属于自己个人的心灵"后花园"，在朝夕的温习与探索中，建构和塑造生命的面貌与人生的价值向度。在关爱中学习关爱，在宽容中学习宽容，在民主中学习民主……在各自千差万别的"生命相遇"中不断地走向"生命相融"，走向"生命相生"，这样的课堂就是陶行知先生所说的"人园"：和花园有相类似的意义，我们愿意在这里面的人都能各得其所，体现出个人本来之美……

维果茨基提出，"教育学不应当把眼睛看着儿童发展的昨天，而应当看着儿童发展的明天"，"只有走在发展前头的教学才是好的教学"。这喻示着，教学要带动发展，促进发展，而不是跟在发展的后面爬行。美好的课堂就是促进儿童不断地向明天发展的课堂——朝向未来，朝向生命，朝向成长。

六、 苏霍姆林斯基

瓦·阿·苏霍姆林斯基(1918—1970),苏联著名教育实践家和教育理论家。他在帕夫雷什学校任老师、校长二十多年,出版教育专著41部。

要思考，不要死记硬背

——苏霍姆林斯基的课堂评议（一）

【教育家的课堂观察】

案例 这是16年以前的事了。我在三年级听了几节语法课。在其中的一节课上，女教师维尔霍汶尼娜讲了一条规则。孩子们好像理解了这条规则，也举出了一些例子，把规则背会了。在第二节课上，女教师提问这条规则，可是只有少数几个"最好"的学生还记得，其余的学生都忘记了。为什么忘记得这么快呢？不是昨天还回答得那么流利，而且全都背会了吗？这是怎么一回事呢？于是，又重新让他们背诵，重新举一些例子。到了第三节课上，仍旧是那幅情景：还是那几个"最好"的学生知道这条规则。这时候，女教师已经没有时间再回头搞"教过的东西"了，她开始讲解新教材，而对那条"教过的"规则，只是说：你们回家后背会它，我要检查的……为什么这条语法规则这么难记呢？不是看起来学生已经理解了吗？是不是因为对学龄初期儿童来说，抽象真理（规则就是抽象）本来就很难识记，更加难以在记忆中保持呢？我一边继续听维尔霍汶尼娜的课，同时也去听别的教师的课。我常常在一天里听5节甚至更多的课。为了深入地弄懂事实和现象的究竟，为了更广泛地概括和比较它们，这样做是有必要的。这对我和那位女教师以及别的教师来说，都是一个从事紧张的脑力劳动的时期。我们大家的思想，可以说都集中于一点：一定要弄明白，究竟抽象真理的识记和在记忆中保持的巩固性，归根到底取决于什么。我们从这个角度来考察课堂上的每一种现象……

我和女教师维尔霍汶尼娜一起，在听别的有经验的教师的课时，看到一些事实，这些事实使得我们"发现"了这条脑力劳动的规律性。譬如说教算术的女教师雷萨克，她在五年级讲了一规则。她向儿童提出的目的是要记住这条规则。但她首先努力做到使儿童深刻理解这一规则的实质。然后，当儿童透彻理解了这一规则后，她就提出一系列例子让儿童去反复理解和反复思考。儿童们在思想里运用这条已经很好地理解但还没有记住的规则来解释事实性的例子。于是我们就看出了：儿童的思想越是深入地集中在事实上来解释刚才讲过的规则，他们在这样做的时候越是不注意追求识记的目的，以及经过他们的意识思考过的事实越多，那么这条规则的识记和在记忆中的保持就越牢固。当我们发现这条重要的规律以后，女教师维尔霍汶尼娜很快就改用别的方式来指导学生的脑力劳动了。在上语法课以前，我们就拟定了一些语言事实和现象的范围，以便使儿童在思想上深入思考它们的同时来解释语法规则的实质。已经透彻理解的规则，这时就不是死背硬记，而是多次地被用来从思想上说明事实了。儿童在思想上多次地想到这条规则，于是规则对他来说就好像成了一把他学着使用的钥匙。虽然这时候并没有提出记住这条规则的目的，但是在多次地作为钥匙来使用以后，规则也就记住了。

【教育家的观点】

许多学校和教师真正可怕的失误，就是他们把学生的主要力量用到消极地掌握知识上去了——这就是让学生记忆教师讲过的现成的东西，死背教科书。固然，学校里完全不要识记和背诵是不行的，但是这种脑力活动应当占居第二位。一个人到学校里来上学，不仅是为了取得一份知识的行囊，主要的还是为了变得更聪明（可是多么遗憾，许多教师常常忘记了这一点）。因此，他的主要的智慧努力就不应当用到记忆上，而应当用到思考上去。真正的学校应当是一个积极思考的王国。

由于积累了大量事实的结果，在我们面前揭示了一条很有意义的规律：学生应当识记和在记忆中保持的抽象真理越难，越是需要像使用钥匙一样用它来解释各种事实和现象，这条真理概括的事实的范围越广，那么，要识记和在记忆中保持这条真理，就在更大的程度上取决于学生究竟独立地分析和思考过多少事实。只有在这样的条件下，即学生在思考事实的过程中揭示和理解了抽象真理的实质，在他思考事实的时候在内心使用这条抽象真理去理解这些事实，但并没有提出要记住这条真理本身的目的的时，这条抽象真理才能被很好地识记和保持在记忆里。

对学生思维活动的观察表明，如果学生的抽象的概念、结论、判断是他们在研究和分析周围现实的过程中形成的，那么他们就能养成一种宝贵的脑力劳动的品质，即不仅通过直接观察而且以间接方式去研究、认识和探索事实和现象的能力。例如，有些学生一连几年在少年技术家小组里从事带有研究性和试验性的设计和制作模型的劳动作业，那么到了他们升入高年级的时候，如果遇到机器（譬如内燃机）发生某种损坏或故障的时候，他们就能不用拆卸或察看有关的零件和部件，而单凭间接的征兆就断定毛病出在什么地方。

这种能力在生活实践中的重要性是不可低估的，对学生在求学时代的智力发展也有重要的意义。许多教师很熟悉，教育工作实践中常常遇到这样一种乍看起来令人费解的现象：学生的年龄越增长，他在学习上感到的困难越大；一些学生一年一年地升级，而学业成绩却逐年地下降。有些儿童在小学里是优秀生，而到了中年级却变成了学习差的学生。我们的观察证实，在绝大多数情况下，出现这种现象的原因在于学生不会运用概括性的概念去认识周围现实，而学生之所以不会运用，又是因为他们的概括性的概念、结论和判断不是通过研究事实和现象的途径形成的,而是死记硬背得来的。如果概括性的结论不是从生活实践中抽取出来的,不是建立在分析事实的基础上的,那么识记和背诵它们的结果,就是学生并不能运用他们花了许多劳动而得来的知识。于是出现了一种荒诞的现象:学生的知识储备越多,往后的学习反而越困难。而如果概括性的结论不是死背硬记的,而是通过分析事实和现象有理解地抽取出来的,那么情况就完全不同了:学生的知识范围越广,学习起来就越容易。在学生第一次所接触的东西中,有许多用不着深入分析细节就可以理解,因为一些事实之间的新的相互联系,对他来说只不过是已经熟悉的某种概括性原理的某一方面的具体化而已。

让学生生活在思考的世界里——这才是应当在学生面前展示的生活中最美好的事物!也应当向教师指明这个方向。

[以上案例及观点分析自《给教师的一百条建议》(苏霍姆林斯基著,杜殿坤编译,教育科学出版社,1984年6月第2版)摘录整理]

【我的感悟思考】

课堂教学: 启思开智

古人云,读书以治愚。读书本来的目的就是为了去除愚妄,求得聪慧。然而,不少人上学校读书,受教育反而致愚。就如不少有识之士所抨击的"学生被教师越教越傻"。著名特级教师于漪在《我和语文教学》中指出,教师要做一个开窍人。开窍之道在于一个"灵"字。教师讲课的关键在于一个"点"字,点在学生的心扉上,洞开学生的心窍,使学生能独立地进行学习,独立地思考问题,孜孜以求地寻找正确的答案。教学中做"开窍人"最不容易,然而,又最重要。如若得法,师生之间就会出现"心有灵犀一点通"的佳境。由此可见,课堂教学中教师非常重要的使命就在于启发人的思想智慧，而不是"锢聪明，闭智慧"。

启思开智是课堂教学的重要而长远的使命。教学就是通过开凿智窍，增进学生生命的智性、理性和灵性，使其灵机触动、灵明焕发，从而促发生命"内在地成长"。

朱永通老师在一次交流中谈到他某次去某中心小学听课的一件事，让我深受启发。他去听一位一年级的教师教学《两只小狮子》（人教版一年级下册）。《两只小狮子》是一篇童话故事，主要讲述了两只小狮子的不同生活态度：一只小狮子非常刻苦，整天练习滚、扑、撕、咬的生活本领；另一只却整天懒洋洋地晒太阳，什么也不干，它认为凭着父母是林中大王的地位就可以生活得很好。狮子妈妈知道后，教育懒狮子，父母会老，不能依靠父母的本领和地位生活，应该自己学会生活的本领，做一只真正的狮子。课堂教学最后一个环节，教师问学生："你们喜欢哪一只狮子呢？"学生异口同声地回答喜欢那只勤劳的狮子，不喜欢那只懒狮子。教师非常满意地总结道："对，同学们真是好孩子！勤狮子天天练习滚、扑、撕、咬，懒狮子却懒洋洋地晒太阳，什么也不干。我们要向勤狮子学习，从小刻苦学习，学会生活的本领。"后来，朱永通老师回家去问他上一年级的女儿。他女儿还没学到这篇课文，永通就让女儿读了这一故事。之后，永通问女儿喜欢哪一只狮子。他女儿说："如果是人类，就不喜欢那只勤的狮子，因为它练的本领越高，人就越会被咬伤；如果是狮子当然喜欢那只勤的……"永通问："那么，如果，你是狮子呢？"他女儿回答："那也说不准啊，我都喜欢啊。学习的时候学那只勤快的狮子；累的时候可以学学懒狮子……"

孩子的思想真的是万紫千红、千奇百怪，作为成人也许永远不能理解其丰富与微妙之处。教育者要做的事是任其疏枝横斜，情思激越，而不是修枝剪裁，横加删节，对其进行横平竖直的"规驯"，使之平庸，甚至于愚笨。

美国要素主义教育家认为，蕴藏在儿童身上的智力和道德力量的资源不应该被浪费，这是学校教育的真正的根本利益之所在；学校要提高"智力标准"，注重思维力的严格训练。贝斯特强调说："真正的教育就是智慧的训练。""思维也许不是生活中最重要的技能，但对学校来说，却是最重要的；同时，智慧的训练也许不只是学校的职责，但归根结底是学校存在的理由。"

"开放的心态与独特的思想与课堂文化"的核心要点就是在于：启思开智！对于学生而言，也许学了多少知识，学了什么知识会随着记忆的流逝而不断变换，而当他们丢掉了课堂笔记、作业、课本，忘掉了为考试而识记的内容后，在他们脑海深处留下刻骨铭心的烙印的，就是思维方式与思想习惯。中国人民大学黄克剑先生认为，教育通过三个相互贯通的层次来完成陶炼人的使命：即知识的授受、智慧的润泽、生命的点化。而在我看来，智慧的润泽是知识的授受与生命的点化的核心枢纽。知识的授受须仰赖与开启智慧；智慧的润泽又是生命点化的基点与元气。没有智慧的开启，知识的授受就成了一种沉重的、机械的堆积；没有智慧的开启，生命的点化就成了一种不切实际的痴人说梦式的妄想。

教育，生命的"觉醒"

——苏霍姆林斯基的课堂评议（二）

【教育家的课堂观察】

案例 一个"差生"的思维觉醒

我永远不会忘记一个叫巴甫里克的学生。对于像他这一类的学生，有些教师抱着善意的同情，另一些教师采取漠不关心的态度，但都一致认为："看来，这孩子没有能力掌握知识。"我还记得，在刚入学的时候，巴甫里克是一个多么活泼、好动、好奇的孩子，而过了不久，他就变得沉默寡言，过分地守纪律、听话和胆小了。

在入学后的最初几个星期里，巴甫里克就感到，他和别的孩子有些不同：一年级的同学们能够很容易地把单个的字母拼成音节并且朗读出来，而他不知为什么要费很大的力气才能把这个字母跟另一个字母分辨出来；同学们只要把一首关于美丽的冬天的短诗用心地听两三遍就能记住，可是他无论如何也记不住。女教师专门为他一个人把那首短诗一连读了好多遍，他也用心地记忆，竭力回想那些词句，但是……还是徒劳无功。

女教师愤怒地说："为什么你不好好学习？像这样，我在放学后还得陪着你补多少课啊？"这孩子全身瑟缩着，愁眉苦脸地站在那里。

在校务委员会的会议上，女教师在介绍自己班级的情况时，给巴甫里克做的鉴定是："思维迟钝的儿童。"

有几次，我有机会带领孩子们到田野里和树林里去。一到这种地方，巴甫里克就变得跟在教室里完全不同了。这个"思维迟钝"的孩子，对我和同学们讲了许多他观察植物和动物的有趣的事情。从他的讲述里，使我惊异的是，这孩子有一种觉察到乍看起来不易察觉的事物和现象之间的相互联系的能力。过后，我对女教师说："不，巴甫里克不可能成为一个学习落后的学生，我们不要用那些音节和应用题把这孩子的智慧束缚住了。"但是，这位女教师是属于我们教师队伍中幸亏为数不多的这样一种类型的人，这种人认为：学生在课本面前坐得越久，他就会变得越聪明。

让巴甫里克面对教科书而苦思冥想的做法仍在继续。一个月又一个月过去了，一个学季又一个学季过去了，女教师竭尽全力要把巴甫里克"拉到"那个标志着平安无事的救命的分数线上来。

在五年级开始后的最初几个星期，读教科书的时间更长，更加使人疲劳了。先后找巴甫里克的母亲谈话的教师共有八位。但是，与此同时，巴甫里克的生活里也出现了一点新的东西：在许多课堂上，已经不像在低年级时那样只要求听讲和记忆，而且还要求动手做一些事情。这种课给巴甫里克带来了欢乐。使他最感兴趣的是植物课。那位植物学教师善于安排课堂教学，他不仅要求学生像平常所说的那样"掌握教材"，而且让学生自己去获取知识。他要每一名学生都缝一个布口袋，做几个纸袋，以便装各种各样的"生物材料"，准备上课时使用。学生们从布袋里掏出的东西，有各种枝、叶、根、茎、花和种子：所有这些，学生都要用放大镜仔细观看，加以比较，并且画下来。

直到这时，全体教师才第一次听说，原来巴甫里克是一个非常聪明好学的学生，而他的智慧——用自然学科教师的话来说，是"表现在手指尖上"。一位教师在校务委员会的会议上说："这个五年级学生会做的事，是有经验的园艺工也很少能做成功的。"下面是他向大家介绍的情况——

在一节植物课上，学生们在学习用各种方法把果树嫁接到野生砧木上去。教师注意到，巴甫里克是多么细心地（用园艺家的话说：精确地）切开砧木的树皮，把幼芽跟插条分离开。"这是真正的技艺。"教师一边观察孩子的工作一边这样想。巴甫里克从一棵珍贵品种的苹果树上剪下一根带有两个幼芽的树枝，开始对它仔细地察看起来。

"你在看什么？"教师问。

"能不能不经过嫁接就培育出树苗呢？"巴甫里克反回来问道，"譬如说，能不能剪下一根树枝，把它栽进土里，照料它，使它成活呢？"

"使我惊异的是这孩子说话时的那种口气，"教师后来回忆时说，"它使人感到，巴甫里克对他提问的事是已经思考过、甚至已经尝试过的。我知道，要使剪下来的树枝、特别是苹果树枝生根是非常困难的，除非是很高明的能手。于是，我回答说：'可以的，但这非常困难，只有米丘林式的经验丰富的园艺家才能做得到。'"

"我可以试一试吗？"这孩子问，他的眼里闪烁着欢乐的火花。

放学以后，教师领着巴甫里克到暖房里去，详细地告诉他，应当怎样准备和进行这一场有趣的试验。

在巴甫里克看来，幸福的日子开始了。他用玻璃和塑料盖成一个小小的温室，里面栽着几根剪下来的苹果树枝。他开始每天用温水浇土，注意使温室里经常保持一定的温度和空气的湿度。有半数的树枝成活了：芽苞绽开了，透出了发亮的小树叶，幼小的嫩枝开始生长了。但是，教师看到，巴甫里克心里还有什么不满意的事情。"那些成活的树枝，是我从树顶上剪下来的，"孩子对教师说，"而这些死掉的树枝，是从树的中部和下部剪来的。这么说，应当从树的顶部去剪取树枝。那样可以多培育出一些树苗啊……"

"当我听到这些话的时候，我真是太激动了，"后来那位生物教师说，"要知道，他是一个真正的试验者，是未来的学者，天才的园艺家！他不单纯是要达到预定的目标，而且是在探索、研究自然界的现象，当然，他用的是自己的方法，还带点稚气。"

关于巴甫里克的试验的消息很快就传遍了全校。许多孩子都想用同样的方法培育树苗，而搞成功的只有三人，其中两人是女孩子。而生物教师自己，据他本人承认，连一根树枝都没有种活。

从这件事情上开始了巴甫里克的"转变"。对许多教师来说，这件事包含着深刻的启示，它迫使人们去认真地思索教学和教育上那些尖锐的、使人激动不安的问题。我们逐渐地看出，巴甫里克身上那种害怕、拘束、犹豫的表现消失了。现在，当他在课堂上回答问题的时候，他已经不是在竭力回想教科书里的什么地方是怎么说的，而是在不出声地思考着，从他所看到和观察过的东西里引出结论来。巴甫里克现在带着那么强烈的求知欲听着教师们讲课，使一些教师感到有些意外。巴甫里克对所学的教材理解得越深刻，他头脑里产生的各式各样的问题就越多，教师们简直找不出时间回答他的所有问题。个别教师甚至有不满情绪：在巴甫里克提出问题时，经常流露出对教师所讲的东西的不信任的口气。但是，如果仔细地想一想这孩子提出的那些问题的意思，教师就会明白：儿童思维里对一些事物持批判的态度，这一点正表明他有一种想要真正弄清楚并且深信某一真理的正确性的愿望。

教师们把巴甫里克发展中的这一变化称为"思维的觉醒"。这一点最明显地表现在，知识的最初的源泉（客观、现实、实践、生活）受到了观察、检验和研究。在一些课上，当理论性的概括跟周围生活中的事物和现象之间的联系比较复杂和不太明显时，这孩子的思想就"觉醒"得慢一些。但是，当概念、公式、法则越难理解的时候，巴甫里克就使用越大的意志努力，务求在他以前常常在困难面前退却的地方取得胜利。

毫无疑问，这个孩子的思维的觉醒、迅猛的智力发展、对知识的兴趣的增强——这一切都跟那位生物教师善于成功地开发出他的天才和创造性劳动的禀赋有着直接联系。巴甫里克本人懂得了并且感觉出：植物栽培是他能表现自己能力的活动领域。看得出来，他在努力弥补过去荒疏了的东西。在温室里和生物室里又出现了一些工作角，巴甫里克在那里进行一些有趣的试验。在一块十平方米的土地上，这孩子撒下了几种野生果树的种子，把它们培育成野生果树的树苗，然后把人工栽培的果树嫁接到每一种植物上去。这里栽种了一些在温室里用无性繁殖法培育出来的树苗。不论他的劳动得到什么样的最终的物质结果，巴甫里克总是在试验着、研究着：他把几种果树又嫁接到插条上，观察其中的每一种是怎样发育的以及互相有什么影响；他又配制了各种各样的土壤混合物，观察它们对植物发育的影响；他把一棵树移栽好几次，以便使它的根系得到最充分的成长。后来，巴甫里克又逐渐着迷于搞粮食作物的培育试验了。

几年过去了，巴甫里克在植物栽培方面的劳动成为一种真正的创造。他把人工栽培的李树、桃树、柠檬树嫁接到野生的刺花李、梨树和苹果树上去，得到一些抗寒的果树品种，这些品种的宝贵特性是开花稍晚，能躲过霜冻对植物的威胁期。在初中将毕业的时候，巴甫里克学会了给土壤里搀入农家肥料和矿物肥料的混合物，这种土壤能使老的、将死的果树恢复青春而重新结果，能治愈暴风给果树造成的伤害，并且加速汁液在受冻的树枝里的流动。他用双手把一小块含黏土的不能种植的地段变成了肥壤沃土，在那里得到的小麦收成相当于集体农庄大田收成的十倍。

巴甫里克在学习上也一年比一年取得更好的成绩。这个青年的知识是牢固的、理解透彻的。他有一种突出的特点，就是想把学到的知识在以后的学习里加以运用，并且使它们在脑力劳动中占有一个确定的地位。中学毕业后，巴甫里克进了农业学院，后来成为农艺师，现在已经在一个国营农场里顺利地工作好几年了。

【教育家的观点】

在我们的创造性的教育工作中，对"后进生"的工作是"最难啃的硬骨头"之一，这样说恐怕没有哪一位教师是不肯赞同的。那么如何促使后进生心智"觉醒"呢？

一、让儿童始终体验到自己的尊严感

学校里的学习不是毫无热情地把知识从一个头脑装进另一个头脑里，而是师生之间每时每刻都在进行的心灵的接触……我想告诉你，年轻的朋友，一个极其简单而又极其复杂的教育秘诀。这个秘诀，对于热爱儿童的教师来说很容易掌握，而对于铁石心肠的人却是根本无法理解的。这个秘诀就是：只有教师关心学生的尊严感，才能使学生通过学习受到教育。教育的核心，就其本质来说，就在于让儿童始终体验到自己的尊严感。

这种尊严感最重要的就是学生带着一种高涨的、激动的情绪从事学习和思考，对面前展示的真理感到惊奇甚至震惊；学生在学习中意识和感觉到自己的智慧力量，体验到创造的欢乐，为人的智慧和意志的伟大而感到

骄傲。认识本身就是一个激发生动的、不可熄灭的兴趣的最令人赞叹、惊奇的、奇异的过程。

当学习困难的儿童跟能力较强的儿童在一起上课学习的时候，需要对他们加以特别的关心和耐心。不要有一句话，不要有一个手势使得这些儿童感到教师已经对他的前途失掉信心。在每一节课上，每一个学习困难的儿童都应当在认识的道路上迈出哪怕是最不显著的一步，都要取得一点点成绩。教师不要害怕在几个星期里，也许在几个月里，让学习困难的儿童去完成跟班上大多数学生所做的是难度不同的作业。就让他去完成专门为他挑选的作业吧，并且评价他的成果。但愿教师循序渐进，持之以恒，同时要有耐心（能够忍受学习困难儿童那种迟迟不肯开窍的局面），那可以称之为豁然开朗的时刻必定能够到来。

二、让儿童不断地体验到探究与思考的惊奇和乐趣

在"后进生"所读的书籍里，在他从周围世界里所遇到的事物中，应当经常发现某些使他感到惊奇和赞叹的东西。在对"后进生"的教育工作中，我总是努力达到这一要求，并且也向所有的教师提出这个建议。用惊奇、赞叹可以治疗大脑两半球神经细胞的萎缩、惰性和虚弱，正像用体育锻炼可以治疗肌肉的萎缩一样。现在还很难说明，当儿童面前出现某种使他惊奇和赞叹的东西时，他的头脑里究竟发生着什么变化。但是，千百次的观察使我们得出结论：在儿童感到惊奇、赞叹的时刻，好像有某种强有力的刺激在发生作用，唤醒着大脑，迫使它加强工作。爱因斯坦说过，我们体验到的一种最美好、最深刻的情感，就是探索奥秘的感觉；谁缺乏这种情感，他就丧失了在心灵的神圣的颤栗中如痴如醉的能力，他就可以被人们认为是个死人。

每一个人都有自己的兴趣，而没有兴趣就没有发现的乐趣，就没有才能和爱好，就没有活的灵魂，就没有人的个性。

三、智慧的劳动和活动激活儿童的思维

正因为这样，我们学校里才非常注意，不要把学习局限在教室的四堵墙壁里，不要机械地把事实和规则从教师的头脑里搬运到学生的头脑里。用形象的话来比喻：在教室的旁边，还应当有一块田地，让学生在那里从事智慧的、被某种思考所鼓舞的劳动。这块田地可以是很小的，哪怕是装着泥土的一个小箱子也行。最主要的是：要让学生能够同时看见、观察和动手。哪里能做到这三点，哪里就有生动的思考，使智慧得到磨炼。

在人的智力发展过程中，以现成的形式装入头脑的东西跟借助独立思考而获得和确立的东西之间的相互关系，起着极其重要的作用。在课堂上所要记住的东西（这一点是无论如何无法取消的）越多，那么思考的"实验室"就应当越加积极地开动工作，而这个"实验室"里的主要创造者和劳动者就是你自己。我们学校在实验园地里给一年级学生每人都分配几小块地，就是专门为了把这三件事（看见、观察、动手）和谐地融为一体而设想的。智慧的、受到思考和好奇心鼓舞的劳动——这是能浮载思考的大船的深水。智慧的双手能创造智慧的头脑。当一个年幼的人不是作为冷漠的旁观者，而是作为劳动者，发现了许许多多个"为什么"，并且通过思考、观察和动手而找到这些问题的答案时，在他身上就会像由火花燃成火焰一样，产生独立的思考。

我通过几百个事例而深信，凡是着迷于一件有趣的劳动，在劳动中不断揭示出各种关系和相互联系的学生，他的思想就不可能是混乱的，言语也不可能是迟钝的，因为学生不仅在劳动，而且在思考，在推断各种因果关系，在规划未来的工作。每过一年，我都更加坚定地深信，有着鲜明的思想表现的积极活动，能够发展学生的言语，提高学生的一般素养。

人的手可以做出几十亿种动作，它是意识的伟大的培育者，是智慧的创造者。在人的大脑里，有一些特殊的、最积极的、最富创造性的区域，依靠把抽象思维跟双手的精细的、灵巧的动作结合起来，就能激发这些区域积极活跃起来。如果没有这种结合，那么大脑的这些区域就处于沉睡状态。在童年和少年时期，如果没有把这些区域的活力激发起来，那么它们就永远也不会觉醒了。

有些教师和学校领导人认为,要把学习困难的儿童"拉上来",就得强迫他学会一定的教材。这种看法是大错特错的。有时候把事情搞糟的原因,正好就在于教师走了这一条错误的道路。不要强迫儿童尽量长久地死抠书本,而要培养智慧,发展大脑,教他去观察世界,发展儿童的智力——这一点是教师和校长永远不应忘记的。

〔以上案例及观点分析自《给教师的一百条建议》(苏霍姆林斯基著,杜殿坤编译,教育科学出版社,1984年6月第2版)摘录整理〕

【我的感悟思考】

教育,一种等待的艺术

1. 对生命与未来充满敬畏,对每一个个体人生的丰富性的期待与渴望,意味着我们的教育教学需要耐心的观察与等待。

生命成长的不确定性。生命是一条向四面八方延伸的流河,其支支叉叉难以分清,生命终将流向何方,除了终点站,其实际的过程的轨迹是很难预料的。它充满了无限的可能,无限的无知,无限的变数,无限的未来。所以,对于每个生命个体,我们只能真正地"盖棺才能论定"。作为教育者,我们不能胆大妄为地预测孩子的未来,尤其是不能自以为是地为孩子的未来人生贴上某些灰色的标签。曾经读过一个关于法国著名作家巴尔扎克的小轶事,题为"巴尔扎克测字"。故事说的是巴尔扎克沉迷于测字,后得高人指点,精于此术。一日,一贵妇以一小学生作业本示之,请其据此预测孩子前程未来。巴氏装模作样,凝神审视笔迹良久。为小心起见,避免得罪人,巴氏问贵妇:您是否为此孩子的母亲或亲戚长辈?贵妇答:与此童非亲非故,毫无关系。巴氏曰:如此,可坦然相告,此子笨拙轻浮兼而有之,永远不会有什么出息。听罢,贵妇忍俊不禁,笑曰:大师岂认不得自己的笔迹,此乃先生当小学生时之作业本也。生命无法被预测,生命无法被保证:有少时了了,大未必佳的;也有少时平平,大器晚成的……据说,有人曾向瑞士科学家、教育家裴斯泰洛齐提出一个问题:"既然您是科学家,那么您能不能从襁褓中就看出小孩长大后成为一个什么样的人?"裴斯泰洛齐回答说:"这用不着伤脑筋。如果在襁褓中的是个小姑娘,长大后她一定是个妇女;如果是个小男孩,那他就一定会成为一个男人。"回答幽默而无奈。这幽默而无奈的背后深深地蕴藏着一个大教育家对生命生长的无限尊重:人的成长是处于一个永远的未完成状态,直至生命的结束。

2. 教育是一个遵循生命生长规律的过程,任何操之过急的行动都是对心灵成长的粗暴的干涉,任何缺乏深思熟虑的"催熟",都是孩子智力生活中的毒素。

英国著名作家约翰·密尔在《论自由》一书中谈道:"人性不是一架机器,不能按照一个模型铸造出来,又开动它毫厘不爽地去做替它规定好的工作,它毋宁像一棵树,需要生长并且从各方面发展起来,需要按照使它成为活东西的内在力量的趋向生长和发展起来。"就是从这个意义上讲,教育是农业,不是工业。它有自己的季节、自己的生长周期、自己的生命姿态。这些都是基于人的成长的内在的规定性。自然之道,绝不是一朝一夕,一蹴而就的。甚至可以说,一切急功近利的做法都是饮鸩止渴,一切速成与"只争朝夕"的疯狂都可能是灰飞烟灭的。曾经读到有段话:教育是三分教,七分等。"等一等"是很有用的。如我们被蚊子叮了一下,不管它,很快就会没事,若总是去挠,要很长时间才能好。原因就是人体有一定的自我治愈功能,施加外力只会适得其反。教育也是这个道理。开悟神秘家罗摩克里希那说,精神追求的最大德行就是耐心!

《植物之美》这本书中提到了:海底有一种巨藻,最长者竟达500米,被誉为地球上最长的植物。与巨藻巨大的身材同样令人惊讶的是它的生长速度。在适宜的环境中，这种海底植物在一天之内就能生长 30－60 厘米，一年之内就能长到 100 米。而与之惊人增长相比，它的寿命却异常短暂。通常巨藻只存活 4－8 年，12 年是它的生命极限。与贪心疯长截然相反的是生长在美国西部的狐尾松。它的性子总是很磨蹭，它们的年轮在 100 年内增长不超过 2.5 厘米，即便活了几百年，很可能也不过 1 米高。但是狐尾松的寿命却长得惊人，通常在 4000 年至 6000 年之间。20 世纪 70 年代，美国加利福尼亚州曾发现一株存活的狐尾松，当时它已在那片土地上活了 4786 岁。正是这种慢慢来的性子锻造了狐尾松异常的坚韧、遒劲。教育之道，就是自然之道。

裴斯泰洛齐先生指出：人的心智如果强制地追求某个目标，他就会依其强制程度而丧失能力的平衡，丧失智慧的力量的平衡。因此，自然的教学方式是非强制性的。在正常的教育教学的生态中，我们总是倡导并倾向于追求一种潜移默化、潜滋暗长的力量，这种教育就在于不知不觉间，在日积月累中，让人为之豁然开朗、为之顿悟，心智在并不刻意的努力中积极开启并绽放出异彩。而强制性的、外在的东西，热切地渴盼在一时半刻间能够"功成名就""功德圆满"的，往往是事与愿违，即使在人的身上留下一丝半缕的痕迹，可能在转瞬之间就会变得一无所有。甚至，只是留下令人难以磨灭的伤害。如同米兰·昆得拉所指出的那样，文学是一项需要慢的事业，同样，教育更是一项需要慢的事业。慢的事业，就意味着我们要慢条斯理、文火慢煎，慢得优雅，慢得从容，慢得有致。

人的思维能力及认知能力的发展是一个过程，任何否认、逾越、违反这一个过程规律的，必然遭受规律的惩罚。因势利导，顺其自然，瓜熟蒂落，功到自然成——这是修炼教育感觉的最好的建议。

不计儿童的成长本然，违反孩子的生长天性，企图一味超前，企图立竿见影，其收效是微乎其微的，更有甚者还可能有令人意想不到的副作用。苏霍姆林斯基曾经说："如果你想成为一个真正的教育能手，那么你就不要企图用某些断然的、闪电式的、异乎寻常的措施，一下子就要孩子心里结成的冰融化开。"我们不能用一些"不正常"的方式来培养孩子，否则可能教育出"不正常"的孩子。法国作家大仲马在《基督山伯爵》的小说的结尾写道：人类的一切智慧都包含在这四个字里面："等待"和"希望"！教育的一切智慧也都包含在"等待""希望"这四个字里面！

阅读给儿童带来怎样的力量？
——苏霍姆林斯基的课堂评议（三）

【教育家的课堂观察】

案例1 有一个叫费佳的学生是我永远难忘的。我教过他5年——从三年级到七年级。费佳遇到的最大障碍是算术应用题和乘法表。我断定，这孩子简直是来不及记住应用题的条件，在他的意识里，来不及形成关于作为条件的依据的那些事物和现象的表象；当他的思想刚刚要转向另一件事物的时候，却又忘记了前一件事物。在其他年级里也有和费佳有某种相似之处的孩子，虽然他们的总数不算多。我给这些孩子编了一本特别的习题集。习题集里约有200道应用题，主要是从民间搜集来的，每一道题就是一个引人入胜的小故事。它们的绝大多数并不需要进行算术运算，解答这种习题首先要求动脑筋思考。下面从我编的《给思想不集中的儿童的习题集》里抽出两道习题为例。

1. 有三个牧羊人，由于天气炎热而疲倦了，他们在一棵树下躺下休息，接着就睡着了。调皮的放牧助手用橡树枝烧成的炭灰，把睡熟的人的额头上都涂上了黑。三个人醒来后，都哈哈大笑，每一个人都以为另外两个人是在互相嘲笑的。突然，有一个牧羊人停住不笑了，他猜到了自己的额头也被涂黑了。他是怎么想出来的？

2. 古时候，在辽阔的乌克兰草原上，有两个相距不远的村庄——一个叫"真话村"，另一个叫"假话村"。"真话村"的居民都说真话，而"假话村"的居民总是说假话。假若我们当中有谁突然来到这两个古代村庄中的一个村庄，只允许向第一个碰到的当地居民提一个问题，打听自己来到的是哪个村庄，那么这个问题应该怎样提法？

起初，我们只是简单地读读这些习题，就像读关于鸟兽、昆虫、植物的有趣的故事一样。过了不久，费佳就明白了：这些故事就是习题。这孩子对其中一道最简单的习题思考起来，并且在我的帮助下解答出来了。解题原来是这么普通的事，这一点使费佳感到惊奇。"这么说，这些习题中的每一道，也是可以解答出来的？"费佳问道。于是，费佳整天整天地抱住那本习题集不放了。每解出一道题，他都感到是一次巨大的胜利。他把解出的习题抄在一个专门的练习本里，而且在文字题的旁边他还用了画习题的办法——画的有小鸟、动物、植物等。

我还给费佳搜集了一套专门供他阅读的书籍，大约有100本书和小册子，可供这孩子从三年级读到七年级。后来又给费佳配备了另一套图书（约有200本）。这一套书，在两年内，除费佳以外，还有另外三个孩子利用过。有些书和小册子是跟课堂上所教的内容有直接联系的，另一些书并没有这种直接联系，不过我认为读这些书是一种智力训练。

到了五年级，费佳的学业成绩就赶上来了：他能和别的学生一样，解答同样的算术应用题。到六年级，这孩子突然对物理发生了兴趣，他成了"少年设计家小组"的积极成员之一。创造性劳动引起的兴趣越大，他读书就读得越多。他后来在学习上还遇到过困难,特别是历史和文学。但是,每一次困难都是靠阅读来克服的。

七年级毕业后,费佳进了中等技术学校,后来成了一名高度熟练的专家——机床调整技师。

案例 2 有一位姓特卡琴柯的优秀数学教师,他教的中学生就没有不及格的。这位教师的创造性劳动的一个最突出的特点,就是他善于合理地组织这里所说的这种阅读,通过阅读来发展学生的智力才能。特卡琴柯从五年级教到十年级,他教的每一个年级都有一个绝妙的小图书馆,里面有不止 100 种书籍,这些书都是以鲜明的、引人入胜的形式来讲述他觉得是世界上最有趣的一门科学——数学的。如果没有这些图书,那么他的某些学生是永远也不会达到及格的。例如,在教方程以前,学生们就读了几十页关于方程的书,这种书首先是些引人入胜的故事,讲的是方程怎样作为"动脑筋习题"在民间的智慧中形成的。

案例 3 我给学生们介绍了关于索菲娅·别罗夫斯卡娅的一本很有意义的书的内容,建议他们读读这本书。我走进"思考之室",很感兴趣地等着,看谁第一个来打开这本书。当我看到第一个做这件事的人是季娜时,心里很高兴。季娜今年 13 岁。从最初几页起,那本书就把她吸引住了。季娜一连好几天都不离开这本书。她忘记了本来积极参加的文艺课外小组。没有必要向这个女孩子提醒参加小组活动的事,不要去打断正在激动她的心灵的思想和情感的潮流。也不必去问她:"你读了这本书有什么想法?它引起了你什么样的思想和感情?"让她自己去理解那些思想,去经受内心的体验和激动吧。过了一两个星期,季娜又来反复地读这本书,开始写笔记。在这些日子里,不应当再推荐她读别的什么东西,用不着跟她进行任何谈话,因为她的内心正在进行着紧张的思考和情感活动,这个人正在认识世界和自己。

后来,在一次讨论会上,季娜发言说:"读了关于索菲娅·别罗夫斯卡娅的那本书，使我深信：人不是一粒灰尘，在生活的旋风里一掠而过，便永远消失，不留任何痕迹。每一个人，如果他热爱祖国，愿意成为一个真正的爱国者，他就能在自己的身后留下深深的足迹。"

若干年过去了。前不久，季娜到学校里来了。她已经是一位幸福的年轻妇女，有一个美满的家庭。她是来征求怎样教育孩子的意见的。我们回想起"思考之室"，季娜说："那本书（指关于索菲娅·别罗夫斯卡娅的那本书——作者）永远地留在我的心里。我希望，让孩子们都找到自己最喜爱的书。而'思考之室'，是一颗非常需要的火花，让它永远不要熄灭吧。"

【教育家的观点】

阅读应当成为吸引学生爱好的最重要的发源地。学校应当成为书籍的王国。真正的阅读能够吸引学生的理智和心灵，激起他对世界和对自己的深思，迫使他认识自己和思考自己的未来。没有这样的阅读，一个人就会受到精神空虚的威胁。无论什么都不能取代书籍的作用。

一、阅读赋予生命美好的精神力量

学生在读些什么，是怎样读的，读后在他们的精神生活中留下什么痕迹？这是一个十分重要的问题……一个深思熟虑的教师，从他开始儿童工作的最初几天起，他就在周密地考虑：在小学期间，应当让每一个学生阅读（和反复地阅读）哪些书。

我们在几十年时间内编订了一个"童年阅读书目"，其中包括每一个学生在小学期间应当阅读的 250 种书的名称。我们仔细地为这个书目挑选图书，所选的书籍一定要有很高的艺术价值和认识价值。这些书籍将作为宝贵的财富进入学生的精神生活。在这些图书中，关于英雄人物的书籍占有特别重要的地位，这些英雄人物成为孩子们摹仿的榜样。真正的教育开始于自我教育，而自我教育开始于儿童对人的道德高尚和伟大的向往。

如果一个人没有在童年时期就体验过面对书籍进行深思的激动人心的欢乐，那就很难设想会有完满的教育。阅读之所以能成为一种强大的教育力量，是因为人在赞赏英雄人物的道德美和努力模仿的时候，就会联想到自己，用一定的道德尺度来评价自己的行为和自己的为人。

如果少年、男女青年没有自己心爱的书和喜爱的作家，那么他们的完满的、全面的发展就是不可设想的。我要培养一个人，设计他的个性，我就始终努力使我的每一个学生早在小学起就建立自己的小藏书箱。中年级和高年级学生的藏书量已经相当可观——大约有100－150本书。就像音乐家不随时拿起自己心爱的乐器就不能生活一样，一个有思想的人如果不反复阅读自己心爱的书就无法生活。

一个人在少年时期和青年早期读过哪些书，书籍对他意味着什么，这一点决定着他的精神丰富性，决定着他对生活目的的认识和体验。这一点也决定着青年人的观点和情感的形成，决定着他对自己的义务的态度。所谓生活在书籍的世界里，不仅是指规规矩矩、认真努力地完成功课。一个人可能以不坏的甚至是"优秀"的成绩从学校毕业，但他可能完全不知道什么是智力生活的世界，没有体验过与书籍交往的巨大乐趣。所谓生活在书籍的世界里，是指去接触最美妙的文化领域，体验一个深知文化财富的真正价值的人是多么的胸襟宽阔。

二、阅读为儿童的学习提供"广阔的知识背景"

由读书引起的精神振奋的状态，是一个强大的杠杆，借助它能把大块的知识高举起来。在这种状态下，脑力劳动的强大的源泉——不随意注意和无意识记，就会被打开而汹涌奔流。精神振奋和受到鼓舞的情绪越强烈，就会有越多的知识进入人的意识。

必须识记的材料越复杂，必须保持在记忆里的概括、结论、规则越多，学习过程的"智力背景"就应当越广阔。换句话说，学生要能牢固地识记公式、规则、结论及其他概括，就必须阅读和思考过许多并不需要识记的材料。阅读应当跟学习紧密地联系起来。如果通过阅读能深入思考各种事实、现象和事物，它们又是应当保持在记忆里的那些概括的基础，那么这种阅读就有助于识记。这种阅读就可以称之为给学习和识记创造必要的智力背景的阅读。学生从对材料本身的兴趣出发，从求知、思考和理解的愿望出发而阅读的东西越多，他再去识记那些必须记熟和保持在记忆里的材料就越容易。考虑到这一条非常重要的规律性，我在自己的实际工作中始终把握住两套教学大纲：第一套大纲是学生必须熟记和保持在记忆里的材料，第二套大纲是课外阅读和其他的资料来源。

物理是一门对识记和在记忆中保持来说最为困难的学科之一，特别是六至八年级的物理。这一教学阶段的大纲里包含着大量的概念。我教这门学科教了6年，总是尽量设法让课外阅读跟新学的每一个新概念相配合。在某一时期所学的概念越复杂，我推荐给学生阅读的书籍就应当越有趣，越有吸引力。在教电流定则这一部分教材时，我搜集了一个专题的图书架，供学生在课外时间阅读。这个图书架有55种图书，都是讲自然现象的，而这些自然现象的原理都跟物质的各种电的性能有关系。

我使学生们的思维积极性高涨起来了，他们向我提的问题简直多极了：是什么？怎么样？为什么？在他们所提的全部问题中，约有80%的问题是用"为什么"这个词开头的。他们有许多不懂的东西。他们对周围世界中不懂的东西越多，他们求知的愿望就表现得越鲜明，他们对知识的感受性就越敏锐。孩子们对我所讲的一切东西，简直是"一听就明白"。当我第一次讲到电流是自由电子的流动这一科学概念时，发现学生们正是对这一复杂的物理现象有许多问题。可是学生们在阅读的基础上和以前所获得的知识的基础上，好像脑子里已经构成了一幅世界地图，我对这些问题的回答好像只要用小块的积木放在图上空白的地方就行了。

学生学习越感到困难，他在脑力劳动中遇到的困难越多，他就越需要多阅读：正像敏感度差的照相底片需要较长时间的曝光一样，学习成绩差的学生的头脑也需要科学知识之光给以更鲜明、更长久的照耀。不要靠补课，也不要靠没完没了的"拉一把"，而要靠阅读、阅读、再阅读——正是这一点在"学习困难的"学生的脑力劳动中起着决定性的作用。我从来没有，一次也没有给这样的学生补过课，那种补课的目的就是让学生学会在正课上没有掌握的教材。我只教他们阅读和思考。阅读将使思维受到一种感应，激发它的觉醒。

请记住：儿童的学习越困难，他在学习中遇到的似乎无法克服的障碍越多，他就应当更多地阅读。阅读能教给他思考，而思考会变成一种激发智力的刺激。书籍和由书籍激发起来的活的思想，是防止死记硬背（这是使人智慧迟钝的大敌）的最强有力的手段。学生思考得越多，他在周围世界中看到的不懂的东西越多，他对知识的感受性就越敏锐，而你，当教师的人，工作起来就越容易了。

三、 阅读开启儿童的灵性， 引儿童走向独立与智慧

阅读和面对书籍思考，应成为学生的一种智力需要。这一点对于培养思维素养也是极其重要的，没有思维素养，也就不可能有对学习的渴求和不断掌握新知识的愿望，学校就会从智力文明的策源地变成死记硬背占统治地位的场所。课外阅读，用形象的话来说，既是思考的大船借以航行的帆，也是鼓帆前进的风。没有阅读，就既没有帆，也没有风。阅读就是独立地在知识的海洋里航行。我们的任务，就是让每一个学生尝到这种航行的幸福，感到自己是一个敢于独自闯进人类智慧的无际海洋的勇士。

通过阅读而激发起来的思维，好比是整理得很好的土地，只要把知识的种子撒上去，就会发芽成长，取得收成。由于能对书籍进行思考，学生就更容易掌握大纲规定的教材。学生对书籍的思考越多，他的内心中由于书籍而激发的喜爱感越强烈，他学习起来就越容易。

思想好比火星儿：一颗火星儿会点燃另一颗火星儿。一个深思熟虑的教师和班主任，总是力求在集体中创造一种共同热爱科学和渴求知识的气

氛，使智力兴趣成为一些线索，以其真挚的、复杂的关系——即思维的相互关系把一个个的学生连接在一起。早在小学的时候，就要设法使儿童不仅自己热爱学习，而且把自己对知识的热爱转移给同学们，使这种智力情感激励别的学生。建立在思维基础上的儿童之间的相互关系，不应当仅仅局限在课堂上。有经验的教师都时常跟儿童进行一些关于书籍和创作的谈话。让儿童给同学们讲述一些使他感到激动的事情，会使他要在智力上变得更丰富的志向确立起来。他给别人讲述的思想越多，他自己就会变得越丰富。

请你记住，无论哪一种爱好，如果它不能触动学生的思想和打动他的心，那就不会带来益处。我想强调指出，学生的第一件爱好就应当是喜爱读书。这种爱好应当终生保持下去。不管你教的是哪一门学科（文学或历史、物理或制图、生物或化学），你都应当（只要你想成为学生的真正的教育者）使书籍成为学生的第一爱好。书籍也是一种学校，应当教会每一个学生怎样在书籍的世界里旅游。

[以上案例及观点分析自《给教师的一百条建议》（苏霍姆林斯基著，杜殿坤编译，教育科学出版社，1984年6月第2版）摘录整理]

【我的感悟思考】

书香韵心香

阅读，是灵魂的晤对。每一次在书扉间的巡行总是一次痴执而虔敬的心的招魂——多少高尚的灵魂从遥远的时空隐然而聚，倏然而逝。我的心因之而激越、颤栗，因之而丰盈、细腻……阅读，是精神的创拓。视通万里，思接千载。以有涯之生耕犁无涯之域。于是，我们小小的心在杂扰尘间依然能不受尘埃半点侵；依然能隔断红尘三十里；依然能一片冰心在玉壶……阅读是本真的寻找。孟子云，学问之道求其放心矣！不失本心，秉具真性。在渐迷离、渐模糊的自我流失中寻找精神的碎片，回复真实的风景……

阅读就是以书香韵心香。明人于谦在《观书》中写道，眼前直下三千字，胸次全无一点尘！心灵的洁净、精神的芬芳、智性的通圆全在于阅读。于此，苏州大学的朱永新教授深谙其妙。他指出，阅读史是个体心灵史、精神成长史。他卓有远见地倡导建立起书香社会，建立起书香校园。我们坚信，心花香自阅读来。阅读是一种生存，一种纯粹的精神生活。英国政府曾将1998年定为阅读年，认为，我们所做的事情当中，最能解放我们心灵的，莫过于阅读。阅读改变人类，阅读提升人生！

那么，你阅读了吗？扪心自问，我们到底给阅读留下多少自由的时空？

为衣食住行忙碌奔波，甚至无暇为疲乏困倦的灵魂安顿一个温柔的枕头，一任风行水流，尘杂已将心灵打磨得粗砺不堪、粗俗不堪，渐渐封闭、浑噩的大脑，再也无法凝视每一个丰富的言词。为柴米油盐劳神苦思，我们不再为一段美妙的文字惊喜不已，如袁枚之读徐文长、尼采之遇叔本华的感觉已是少之又少，几近于无。迟钝和麻木淹没了所有的文字感受。窗外的欢快与热闹包围着你，俗世的欢乐诱惑着你，我们失去了宁静的夜晚和古典的心情……耳迷五声，目迷五色，心迷五欲……万物劳其形，百忧扰其心。劳生长碌碌、常促促，几时有静夜与书共享一段美好的心情？

阅读是自性的修持与引渡。时时与大师对话，如春雨之润花，如清渠之溉稻，如朝露之泽草木……开蒙发悟处似拈花微笑，百二禅关豁然开；涵情冶性处书香可避邪，腹有诗书脱略名和利；启智钟灵处有出有入无之功，但神用而不以迹用……阅读的神圣和欣悦是我们如痴如醉如癫如狂投入其中的最伟大而真实的理由。正是面壁十年读破壁的修为，我们才能一朝被点化，破壁而飞，凌空万里！

然而，浮躁的时代无法守静聆听那被美丽的文字漂洗了一遍又一遍的灵魂的气息。十年磨一书实在是不可思议。效率和速度是只争朝夕。纯粹的阅读如明日黄花，在众多惋惜和哀悼中渐渐凋落。目光也如点击的鼠标，一乍已是过尽千帆。

阅读趣味已异化变质得令人目瞪口呆。一目十行，甚而一目十书成了时尚，没有心的品悟、没有情的贯流、没有等待的渴望、没有新奇的触动……一切为了检索资料，目标明确，坚定不移地翻书。古人云，不为因果方行善，岂因功名始读书？想想古人的心境、境界，我们能不愧煞？读书都为稻粱谋。为文凭、为论文、为谈资、为逗才……读书的目的自然有千种百样，本也无可厚非，然，如果丝毫不为一点趣味，不凭一点情致而读书，不为心中有一点灵明而读书，实在是一件很值悲哀的事。

越研究，越明白
——苏霍姆林斯基的课堂评议（四）

【教育家的课堂观察】

案例1　教师在讲解新教材三角函数的概念，学生也仔细地听着内容丰富的讲解。讲完新教材以后，教师问学生："你们有哪些疑问？"教室里没有人吭声，没有人提出问题。于是，教师就认为学生对教材是理解了。可是，当学生一个接一个地被喊到黑板跟前，将教师讲的东西复述一遍的时候，他们的回答却是一知半解的，对教材并没有清晰的理解。教师不得不重复地讲解，并且生气地对学生说："原来你们什么也没弄懂，那么为什么不把疑问提出来呢？"

案例 2 有一位小学教师被认为是讲解算术应用题的高手。为了使学生容易"领会"应用题的条件，她事先准备了许多图片和表格，有时甚至把应用题里谈到的实物拿到课堂上来。看起来，她的学生解应用题很顺利。但是，当这些学生升入五年级以后，却使教师们深为吃惊：原来那位女教师教出来的学生根本不会解算术应用题。事实的确如此，因为那位女教师在整整 4 年里小心翼翼地保护学生，不让他们遇到困难，所以他们事实上并没有学会积极地思考。

案例 3 在四年级的学年中期的时候，发生了一个理解力最差、思考过程最慢的女孩子华里娅在脑力劳动中豁然开朗的事情。我开始觉察到：在对应用题进行个人思考的时候，这个女孩子的眼神里闪耀着一种钻研地思考的光芒。华里娅终于能够完全独立地分析各个数量之间的依存关系，学会了以整体方式解应用题。这一点成了她的自我肯定过程中最重要的环节之一。对华里娅来说，达到这个程度很不容易。她的智力积极性的"起飞"，是经过一个漫长的消极性时期换来的。过去总好像有什么内在的原因妨碍着她的思考。我相信，在不久的将来，这个女孩子的智力发展过程一定会更快地开展起来。这种信心终于实现了。数学教师继续进行在低年级已经开始的教育工作：把独立解题作为学生脑力劳动的基本形式。教师给每一个学生挑选适合于他的应用题。不催促学生，不追求解题的数量。让每一个学生都有可能专心致志地思考，深入钻研自己的题目。第一个学生在一节课上解了三道题，第二个学生勉强解了一道题，而第三个学生就连一道题也许还没有做完。过去，华里娅经常是最后解完习题的学生之一，然而她有时也能够顺利地完成作业。到了六年级（12 岁至 13 岁之间），这种偶然的成功已经被稳定的成绩代替了：数学习题集里的每一道应用题，她都能解答得出。我们研究了这个女孩子的学习情况，看出她身上有一些强烈表现的个人思维的特点。华里娅似乎是分阶段来思考和理解各种相互依存关系的实质的：起初她先从思想上把握总的轮廓，把注意力集中在总的轮廓上，然后再转而研究各个细节。我们逐渐地给华里娅出一些极复杂的应用题，她都顺利地解答出来了。到第六学年末，这个女孩子成了班上数学能力最强的学生之一。教师曾经以悉心爱护的态度来对待她的脑力劳动的迟缓性。我们高兴的是，在数学上的成功增强了她的自信心，培养了她的独立思考。现在，对其他学科（包括语法在内）的学习，在她来说也不像以前那么艰难了。

【教育家的观点】

怎样安排班级和学校的全部教学和教育工作，才能使儿童希望自己今天在精神上变得比昨天更丰富，在智力上变得比昨天更聪明，使他感觉和体验到自己在智力上和思想上的成长，为此而感到自豪，使这些情感成为激发儿童去克服困难的动力呢？要知道，儿童想要好好学习的愿望，是跟他乐观地感知世界（认识周围世界，特别是自我认识）不可分割的。很明显，如果儿童对学习没有一种欢乐的喜爱，没有付出紧张的精神努力去发现真理，并在真理面前感到激动和惊奇，那是谈不上热爱科学、热爱知识的。为了使儿童有强烈的学习兴趣，就必须使他有一种丰富多彩的、引人入胜的智力生活。要使小学生的智力生活丰富多彩，就必须保持思考和记忆的和谐。尊敬的同行们，让我们一起来关心这件事：在小学里，首先要使儿童善于思考，积极主动地去获取知识，寻根究底地去探索真理，在认识的世界里去漫游。只有这样，他才能成为一个好学生。

一、研究要经历一种思维的挑战

要使思维、思考成为名副其实的脑力劳动，就必须使思维有明确的目的性，也就是说，要使它具有解决任务的性质。教师越是善于给学生的思维活动赋予一种解决任务的性质,那么他们的智慧力量就越加积极地投入这种活动,障碍和困难就暴露得越加明显,从而使脑力劳动成为一种克服困难的过程。有些教师持一种错误的观点,他们认为把教材讲解得越明白易懂,儿童的疑问就会越少,学生对知识就会学得越深刻。其实,这种学习缺乏智力的挑战,只能养成思维的肥胖与懒惰。

儿童在入学以前,是处在大自然、游戏、美、音乐、幻想、创造的一个迷人世界的包围之中。当他们入学以后,我们切不可总是把他们关在教室里,跟那个世界相隔绝。在学校生活的最初几个月和头几年里,学习不应当变成学生活动的单一项目。只有当教师把儿童以前有过的那些欢乐慷慨地向他们敞开的时候,儿童才能热爱学校。当然,这并不是说:要使学习迁就玩乐,故意把学习变得很轻松;而是只要儿童不感到学习枯燥就行了。应当逐步地训练儿童去从事人生最主要的事业——从事严肃的、刻苦而持久的劳动,这种劳动没有紧张的思考是不可能的。我认为,重要的教育任务在于渐渐地养成儿童从事紧张的、创造性的脑力劳动的习惯。儿童应当学会在某一特定的时间摆脱周围的一切,以便集中精力去达到教师或他自己所提出的目标。要努力做到使儿童养成这种专心致志的习惯。只有在这样的条件下,脑力劳动才可能成为儿童喜爱的事情。

小学的任务就是逐渐地使儿童养成不仅在体力劳动中而且在脑力劳动中克服困难的习惯。应当使儿童懂得脑力劳动的真正的本质,那就是:要努力地开动脑筋,要深入地钻到事物、事实、现象的各种各样的复杂而微妙的关系、细节和矛盾中去。无论如何不要让学生感到一切都轻而易举,不知道什么是困难。在掌握知识的过程中,要同时培养脑力劳动的素养和自我纪律。智育是精神生活的领域之一,在这个领域里,教育者的作用是跟受教育者的自我教育有机地融合在一起的。意志的培养,就是从自己向自己提出目标、集中智慧的努力、思考和理解以及进行自我监督开始的。我认为,重要的教育任务就在于:正好要在脑力劳动中使学生感到什么叫做困难。如果儿童在学习中感到一切都很容易,那么渐渐地就会养成懒于思考的习惯,这会使人堕入歧途,使他形成一种对待生活的轻浮态度。说来也很奇怪,如果学习过程不能在儿童面前设置一些能够克服的困难,那么这种懒于思考的习惯倒是多半先在那些有能力的学生身上滋长起来的。而且,懒于思考的习惯,又多半在低年级就养成了:有能力的儿童很轻易地掌握了对别的儿童来说要付出一定的紧张的脑力劳动的东西之后,他实际上就无事可干了。不要让学生无所事事,这也是一项特殊的教育任务。

二、 研究是一个积极探索的过程

一些优秀教师对这个问题采取完全不同的态度。他们对学生的关心首先表现为:让学生先把他们将要克服什么困难弄清楚,不仅把注意力,而且把意志力都集中在克服这种困难上去。有经验的教师明确地认识到,所谓详细讲解某一种现象、事件或规律性,就是教师不仅要向学生揭示教材的实质,而且要教会学生思考,使他们也能够独立地、依靠自己的努力做出同样详细的解释。我们帕夫雷什中学的一至四年级的女教师维尔霍汶娜,在算术课上就只讲解新类型应用题的条件。她在自己的讲解中主要依靠学生独立地开展脑力劳动,其目的在于把学生不懂的地方找出来。教师越是能完满地达到这一目的,学生对他们的脑力劳动的最终目标就认识得越清楚。女教师维尔霍汶娜特别重视让学生自编新的算术应用题。她向学生提示各种数量之间的比较易见的依存关系,然后要求学生自编应用题。学生很愿意做这种作业,它能增强学生对周围实际现象的兴趣,发展他们看出各种事物和现象之间的相互联系的能力。学生独立编写和解答的应用题越多,就能越深刻地确立一种信念,即抽象概念都是以具体事物和它们之间现实存在的联系及相互联系为其根源的。

总的来说,由具体的感性的表象向抽象(概念、判断、推理)的过渡,是促使学生开展积极的脑力劳动十分重要的因素,而这一点在小学特别重要,因为这个年龄期正是由形象思维向抽象思维即逻辑思维迅猛过渡的时期。在这一方面数学特别是小学的算术，在智育上有极其重要的意义。

优秀的数学教师们总是力求让学生看出抽象跟现实存在的具体事物和现象之间的联系。例如，在教三角函数时，教师就设法直观地指出，正弦、余弦、正切、余切都是概括三角形各因素之间的现实存在的关系的一些数量。在这样的教法下，学生在客观实际中就能找到应用题。

在优秀教师那里，学生学习的一个突出特点，就是他们对学习的对象采取研究的态度。教师并不把现成的结论、对某一定理的正确性的证明告诉学生。教师让学生有可能提出好几种解释，然后在实际中去对所提出的每一种假说进行肯定或否定。学生通过实践（就这个词的狭义来说，就是对事实和现象进行直接观察，同时也通过间接的思维）去证明一个解释和推翻另一个解释。在这种情况下，知识就不是消极地掌握的，而是去获取的，即靠积极的努力去获得的。因此，这种知识就能变成信念，学生也会非常珍视它们。

追求知识的愿望，是靠儿童的虽不轻松然而快乐的、诱人的、出于自愿劳动所创造的千万条根须日以继夜、不知疲劳的工作来滋养的。然而只有使力量的付出跟儿童的自尊感密不可分的时候，他的劳动才能成为快乐的、诱人的、自愿的劳动。必须使儿童感到自己是一个劳动者，使他为自己的努力所达到的劳动成果而感到自豪。培养自豪感也就意味着在儿童心灵中树立一种要成为思考者的愿望。这是整部教育学中最精细微妙的领域之一。没有由于脑力劳动而激发起来的自豪感，也就没有教学过程中的教育，也就谈不上教学与教育的统一。

为了使我们的孩子始终感到对知识的渴求，为了使学习愿望成为他们并不轻松的脑力劳动的主要动力，我们必须关心整个学校教学的这一最重要的前提条件：儿童的脑力劳动对象既是可以理解的，同时也应当有适当的难度。只有在脑力劳动对儿童的力量进行一定的考验的情况下，才能培养儿童具有一个"思考的劳动者"的自尊感。儿童胜利地经受了这种考验，怀着自豪而欢乐的心情回顾走过的道路，能够对自己说："这是我找到的。这是我发现的。"

[以上案例及观点分析自《给教师的一百条建议》（苏霍姆林斯基著，杜殿坤编译，教育科学出版社，1984年6月第2版）摘录整理]

【我的感悟思考】

让研究成为一种"深度学习"

经由千思百虑不断探求，历经思维的"疑惑不解到一知半解到谜团渐解"成长过程的知识，才能在求知者心智结构中种植下力量，也同时在精神深处种植下别样的力量。学而不思则不固，学而不思则不得。知识既是思维的结晶，又是思维的起点。知识的生长过程就是思维的生长过程，缺乏思维过程的知识是短命的，是没有激活及再生能力的。美国著名教育家杜威指出："只有在思维过程中获得的知识，而不是偶然得到的知识，才能具有逻辑的使用价值。"也就是说，知识的学习必须经历完整的、深刻的思维过程，知识才能转化为思维能力。

英国著名教育家沛西·能根据他有关认识层次的理论，提出了教学节奏理论。他认为，各科教学应该与各学科的历史发展阶段相应，有节奏地分三个阶段进行。这三个阶段就是奇异阶段，实用阶段和系统阶段。以磁和电的历史发展为例：第一阶段，著名的科学奇迹的发现，是一个显著的特征，如天然磁石的神秘力量、模拟发光的发电机等，可称为奇异阶段；第二阶段，科学经过改造，用来为人类服务，产生了电话、电报、发电机以及其他很多实用的东西，可称为实用阶段；最后是系统阶段，就是探索一个能说明所有电磁过程的广泛的理论。这一理论也揭示了学习的思维过程规律：思维起于惊奇、起于探究；思维运用于实践、运用于生活；思维进行理性分析、理论归纳。知识本身具有过程性，思维本身具有过程性，学习本身自然而然地要具有过程性。

一般来说，思维的过程包括"发现问题、提出问题、分析问题、提出假设、进行验证、解决问题、得出结论"等几个环节。在日常教育中，我们往往为了追求"短平快"，为了追求"高效率"，迫不及待地让学生以"直线"的方式来"捕获知识"，于是，学生的学习过程就显得没有曲折、没有波折、没有转折，总是直来直去、一览无余、未经过程便直抵目的。简而言之，学生没有经历思维的曲线运动，学习中缺少感知问题、发现问题时隐隐约约的兴奋与惊奇；缺少提出问题、面对问题时的困惑与凝神；缺少分析问题时的内心沸腾、思维活跃及条分缕析的内心清明；缺少提出假设不断去检验与验证时的悬念与解谜的冲动；缺少解答难题后恍然大悟、兴致勃发的自我认同……缺少了这些，知识的获得就显得"残缺不全、淡乎无味"。

思维的过程性就意味着学习要经历"错误的过程"，任何"一帆风顺""一马平川"的学习，都可能是一种学习的错误与灾难。没有错误，不成学习。美国著名教育家达克沃斯在《精彩观念的诞生——达克沃斯教学论文集》一书中提出了"有成效的错误观念"的概念。她认为，尽管观念的探究要花费一些时间，却是非常有用和值得的。另外，错误的观念也是非常有成效的。任何一个被纠正的错误观念对你的影响比你一开始就没有错误观念要深刻得多。如果你能考虑到其他的解决途径，如果你努力将原先没有得到解决的问题解决了，如果你琢磨出原来的问题为什么没有得到解决，你对这一概念的把握会更彻底，但这一切要花费很多时间。"犯错误和纠正错误比不犯错误能使人对所述现象理解得更深。"这就是在强调思维的过程性的价值与意义。

思维的过程性还意味着要经历思维的挑战性。思维的快乐常常是与学习过程的困难程度及如何克服困难连在一起的。轻而易举是无法成就智力的快乐的。俄国著名的教育家乌申斯基认为，能否把学习看作是一种劳动，这对于教育理论和教育实践具有重大的意义。他指出："学习现在是，并且以后也将永远是脑力劳动。"宋人罗大经在《鹤林玉露》中有一首诗：尽日寻春不见春，芒鞋踏遍岭头云。归来笑拈梅花嗅，春在枝头已十分。（寻寻觅觅寻找"春"的信息，走遍整座山岭，都不知有春的影子，回来时，微笑着拈起一枝梅花嗅了又嗅，原来春在枝头已经十分繁茂了）这里，也可看作描述了体验性学习、感悟式学习、探究性学习的思维过程。其目标明确为了探寻"春"（学习任务），于是全身心投入处处探求，结果仍然是一无收获，不见春的踪影。挣扎之后，无果而回，随手拈一枝春花，无意间嗅了嗅，出乎意料地发现，苦苦追寻的"春"已在枝头十分灿烂。这是一个学习的过程，是一个情感的过程，是一个心灵的过程，更是一个思维的过程。而待到"归来笑拈梅花嗅，春在枝头已十分"时，则是经历了"尽日寻春不见春，芒鞋踏遍岭头云"的艰辛、磨难等等思维的历练与冲刺。

赫尔巴特有言："教学的特权就是掠过草地与沼泽，不能总是让人在舒适的山谷中游荡，相反让人练习登山，并使人在获得广阔视野中得到补偿。"正如苏霍姆林斯基在著作中谈到过这样一个案例——

我们给二年级学生读了一道应用题："建成了每幢有9套住宅的房屋4幢和每幢有4套住宅的房屋9幢。已有$\frac{1}{9}$的住宅里住了人，还剩下几套住宅没有住人？"我们已经训练了孩子们，对于这样难度的应用题，在二年级一般都用口头解答。课堂上笼罩着一种集中精力进行思考的气氛。孩子们要先记住已知数（条件），理解它们之间的依存性，然后开始计算。

在应用题没有解答出来以前，孩子们是不动笔的，只有作业都完成以后，他们才把答案写在一张小纸上。教师在课桌当中走着，看见有谁已经做好了作业，就给那些思维最敏捷的学生再发一张卡片，上面布置新的更难一些的题目。在我们把应用题读过后，只经过五六分钟，有几个孩子的眼睛里就闪耀着快乐的火花：得到了正确的答案。由于受到成功的鼓舞，这些孩子很乐意再做更难的题目。我们看到，又有一批批孩子的眼睛里露出快乐。可是班里有一个差生尤拉，学习很差。我们专门为他把题目重读一遍。我们看到，这孩子是多么艰难地但终于弄懂了各个已知数之间的依存关系。尤拉只是理解了应用题，但他也为此感到高兴。我们也应当善于对儿童思考的这一点胜利给予评价。尤拉在我们的帮助下，一次又一次地重复读着那些已知数。我们知道尤拉的记忆力很差，这孩子单是思考应用题的条件就费了十来分钟。对他来说，这一点非常重要。接着他转入计算。我们又一次跟他把应用题的已知数重复一遍。计算正在正确地进行，孩子感到高兴，我们也跟他一起感到高兴。但是突然又出现了困难：又有什么已知数忘记了。孩子付出那么大的劳动而在构筑的房屋又倒塌了。我们又跟尤拉一起重复应用题的条件，这孩子又抓住了原来断了的思路。当作业已几乎进行到底的时候，又有什么东西忘记了。我们还是耐心地给他解释几遍，让他再进行思考。终于，尤拉把答案写在纸上了。孩子为他的成功而欢欣鼓舞。在他的精神上，有一种难以表达的欢乐：这胜利是他经过艰苦努力而得来的！正是这种发现的欢乐，这种靠自己的努力而完成作业的欢乐，才是人的自尊感的源泉。

　　杜威认为，持久地改进教学方法和学习方法的唯一直接途径，在于把注意力集中在要求思维、促进思维和检验思维的种种条件上。思维就是明智的学习方法，这种学习要使用心智，也使心智获得酬报。

七、 阿莫纳什维利

阿莫纳什维利(1930—),当代格鲁吉亚儿童心理学家、教育家,在理论和实践上的创新十分丰富,是"合作教育学派"的主要代表人物之一。

评价就意味着创造

——阿莫纳什维利的课堂评议（一）

【教育家的课堂观察】

在阿莫纳什维利领导的实验教学中，倡导课堂学习中引入集体评价的方法。通常的做法是这样的：听了学生的口头回答或阅读了他的书面作业后，学生在教师的领导下在班上对其口头回答或书面作业进行分析、评价。下面就是集体评价的实例。

案例1　一年级的吉维向全班有表情地朗诵一首诗，但有错误。

教师：对吉维的朗诵你们有什么意见？

学生$_A$：吉维朗诵得有表情……

学生$_B$：他读音清楚有力……

学生$_C$：我喜欢听吉维朗诵……

教师：我同意你们的意见。吉维能出色地朗诵。你们对他有什么希望吗？

学生$_D$：在朗诵中有点错误，看来，他还没有背熟……

学生$_E$：在朗诵中出现"哎、哎、哎"的音，这是他在想诗中的句子……

学生$_F$：我希望他把诗背出来，明天再朗诵给我们听。

教师：吉维，你自己有什么意见？

吉维：同学们说得很对，我没有把诗背熟……明天我一定能背出来！

教师：当然啦，你一定能做到的！

案例2　二年级学生尼诺写了一篇看图作文，在全班学生阅读了她的作文以后——

教师：尼诺写看图作文的那幅图画的内容你们都已熟悉，也阅读了她的作文。你们对尼诺的作文有什么意见，对她有什么建议？

学生A：我喜欢尼诺的作文。她运用了比喻，有条理地叙述了内容……

学生B：作文的故事结局特别成功，出人意料……

学生C：作文的标题也很好，形象、切题……

学生D：我认为，尼诺没有利用图画中所有的情节，例如，图画上较远处的那一部分，一只小兔拿着一个小蘑菇扬扬得意地在奔跑，这绝不是一个次要的情节，没有这个情节，图画就失去了意义……

学生E：同意，我也想提这样的意见……

学生F：尼诺的作文写得很好，但作文内容与图画的内容不大相符……她太拘泥于图画的表面情节了，忽略了它的实质内容……写这样的作文我们不能脱离所给图片的内容。

学生G：我觉得尼诺没有用好成语，这句成语是讥笑懒汉的，可在尼诺的作文里，找到了一个特大蘑菇的兔爸爸却成了懒汉……

学生H：我建议尼诺在句子结构上要多加思考，我发现，在她的作文里有两三句病句。

教师：尼诺，谈谈你自己的意见。

尼诺：感谢同学们给我提出了不少宝贵的意见。我自己也发现，我的作文有不少缺点。我也不喜欢自己的书法。我想，如果让我参考同学们的意见重写一遍，一定会写得好些的。不过，有一条意见我要说明一下，那几句病句我是故意这样写的，是为了表明小兔崽还不会正确地说话……

【教育家的观点】

针对上述课堂教学中的评价实践案例，阿莫纳什维利作出这样的分析思考：

一、实质性评价是学生学习及成长的动力与方向

学习和认识活动的结构应包括下述几个组成部分：学习认识和接受学习和认识任务；拟定解决学习和认识任务的计划；实际解决学习和认识任务；检验完成学习和认识任务的过程；对照标准（学习和认识任务要达到的目标）评价完成学习和认识任务的结果；提出进一步完善获得的知识、技能、技巧的途径，尤其是实质性评价要贯穿学习活动的始终。

所谓实质性评价，就是要把学生的学习和认识活动的进程或结果与拟定的学习任务要达到的目标的标准相对比的过程，以便确定学习和认识任务的进展水平和质量，决定和接受下一步的学习和认识任务。

实质性评价具有下述意义：使学生成为乐意接受教育影响的人；使教学过程成为激发学生对他们有切身意义的学习动机的源泉；使教师的评价成为学生的学习和认识活动的方向标，同时也使学生有了随时准备完成新的学习任务的内在愿望；使学生深化对自己的自我评价，激励他们致力于自我教育和自我完善，增强他们的自我批评精神，使他们严格要求自己和加强责任感。

二、评价是生命的回响，心灵的回应，思想的共振

阿莫纳什维利认为，教师对学生掌握知识、技能、技巧水平的评价决不像药剂师进行药剂计量那么简单，它首先是教师对学生及他的学业成绩表现出同情、善意态度，与他休戚与共的体现，是帮助他积极上进，克服学习上的困难和纠正失误的过程。正因为如此，评价不应该是教师的特权，除了教师的评价外，还应有集体的、学生间的评价和学生本人的自我

评价活动。评价要成为学习的共勉共进，思维的互启互迪，生命的相融相渗。

上述案例中体现的是集体评价。在班上形成集体的共同标准和对同学的尊重、善意和乐观主义态度——这是集体评价或学生间的评价活动赖以进行的基础。因而阿莫纳什维利非常重视在班级集体中培植这样一种心理气氛：学生之间能互相同情、互相关心、互相尊重，待人有礼貌、善意、公正、乐观，为同学的成功而感到高兴，为同学的失利而感到悲伤，并有随时帮助同学的真诚愿望。他认为，这一切是集体评价顺利进行的必要前提，也是学生对自己的同学进行评价的道德—情感基础。在班上形成这样的心理气氛可使学生从情绪上乐意接受集体、同学的批评意见，从而也使学生的自我评价和自我批评活动的内容更加充实。

评价成分可比作是指挥交通的红绿灯，又可比作赶赴发生交通事故的地点进行疏导交通的交通警、抢修设备的维修工和急救伤员的医务人员。它（评价成分）"严密监视"着解决学习和认识任务中的每一个步骤，"赞许"每一个正确的步骤，"防止"可能出现的偏差，必要时"中止"学习过程，借助辅助力量来"纠正"错误，然后"准许"和"推动"学习活动继续进行。学习活动的结果是在评价成分的"严密注视"下，在它的"校正"和"赞许"下，在它的"控制"下形成的。因此，在这样的组织教学过程下，评价活动是与学生解决学习任务的过程同时完成的。评价不是学生学习活动过程的终结，而是在学习活动过程中伴随着同步进行的一种特殊形式的学习活动。

赋予学生的自我评价以重要的意义。通过多种形式的评价活动，学生有了自我评价的能力，就能对自己有自知之明，就能自觉地对待学习，自我控制、自我调节和自我规划自己的学习活动，成为学习的主人。这也是实质性评价要致力的目标。

[以上案例及观点分析自阿莫纳什维利《孩子们，你们生活得怎样？》

(朱佩荣译，教育科学出版社，2002年2月第1版）摘录整理]

【我的感悟思考】

建立一种"相互回应"的课堂教学评价

诸多优秀教师成功的实践无不指向这样一个教育教学的真谛：富有成效的、丰富多彩的课堂教学生活的创造，在于教学信息的良性互动与有效的教学评价。而这一切都需要师生间的彼此感召、彼此呼应、彼此的交换眼神与彼此的心领神会。使课堂成为一个活泼生动、沸腾热烈的智力世界与思维王国。在这一智力活动的过程中，我们认为教学评价必须持守"及时性、激励性、准确性、引导性、互动性"等原则，才能更有效地促进教师的教与学生的学。

一、课堂教学评价的及时性

日本教育家佐藤学在《学习的快乐——走向对话》中说，学习，可以比喻为从已知世界到未知世界之旅。在这个旅途中，我们同新的世界相遇，同新的他人相遇，同新的自我相遇；在这个旅途中，我们同新的世界对话，同新的他人对话，同新的自我对话。这种对话如果阻滞不通，或断或续、时断时续，就必然影响课堂教学的趣味与品质。

二、课堂教学评价的激励性

评价具有动力功能。对于学生来说，有时学习的成效很难一时一刻就得以体现，教学效果毕竟很难立竿见影。富有激励性的评价可以让学生体验到成功的快乐，积小成为大成，积小快乐成大快乐。苏霍姆林斯基指出，"用惊奇、赞叹可以治疗大脑两半球神经细胞的萎缩、惰性和虚弱，正像用体育锻炼可以治疗肌肉的萎缩一样"。可以说，他说的这句话是将课堂教学评价的激励性作用淋漓尽致地表达出来了。评价的激励性并不意味着可以作"无风三尺浪，有风浪九尺"的虚夸与不分青红皂白、敷衍其词的"好好好"与"棒棒棒"。一般来说，表扬得越真诚，表扬的行为越具体，效果越好。

三、课堂教学评价的准确性

课堂教学评价的目的是为了更好地让师生共同认识教与学的真实状态。教师借此来改进自己的教学，学生因此而促进自己学习。这就要求，课堂教学评价必须基于求真务实、实事求是。教师要以教学目标为标尺来考量学生的知、情、意、思、行等方方面面的收获。这种评价不能随心所欲、漫不经心，而应本着科学认真的态度来进行。任何含糊其词、语焉不详的评价都可能对学生的后续学习产生误导，使学生或学无所得，或不得其法，或劳而无功。

课堂教学评价中要让学生明白无误地找到自己的起点，他才可能脚踏实地、步步踩实地去努力、去追求。也唯有如此，教师才能认清自己课堂教学的生命状态，才能有的放矢地救失补偏，做到扬其所长，避其所短或补其所短。要做到课堂教学评价的准确性，我们需要做到：准确地理解教材，准确地理解教学目标，准确地理解学生的学习过程，准确地理解自身的教学个性、风格及优缺点。

四、课堂教学评价的引导性

课堂教学评价最主要的意义是在于引领学生更好地进行认知、交往、审美等探索活动。教师要学会判断学生的"知"是真知还是假知，让全班学生学会真正思考，而不是浑水摸鱼，滥竽充数；教师要学会诱导等待，使学生的表达更清晰；教师要学会指导激发，使学生展现思考过程；教师要学会引导启发，使学生的思维更深入并且随时随地考量其思维的真度、广度、深度、高度、自由度……当学生迷惑不解的时候，教师要导之以法；当学生低迷不振的时候，教师要导之以情；当学生疲倦厌烦的时候，教师要导之以趣；当学生陷入困境的时候，教师要导之以思……

总之，课堂教学评价，教师要视学生的具体情况作相应的引导。理想的课堂教学评价是学生学习的航标灯，为学生顺利学习保驾护航。这种引导实际上是对于学生未来整体发展的眺望，也是教师以自身的知识和文化背景来观照当下的学习内容。

五、 课堂教学评价的互动性

课堂教学有效优质的程度归根结底就是师生之间互动密切的程度。凡是师生心心相印的，必定是高效的活动；凡是教与学融为一体的，必定是成功的课堂。美国著名的科学家维纳说过，一个有效的行为必须通过某种反馈过程来取得信息，从而了解目的是否已经达到。在这一过程中，师生双方都根据各自的评价的信息进行自我调适，如此一来就可以取得教学的最优化效果。最好的教学就是因材施教与因材施学的融会贯通、互渗互助。师生评价的互动性就如同古语所说的"火借风力，风助火威"，相互之间相滋相长，相得益彰。课堂教学的生命力就是师生之间、生生之间活生生的生命的对话、交流与互动。没有互动的课堂教学无论如何谈不上生动；没有互动的课堂教学无论如何不能让人感受到心动；没有互动的课堂教学无论如何无法唤起师生内在的力量和行动。

领受阅读的欣悦与深刻
——阿莫纳什维利的课堂评议（二）

【教育家的课堂观察】

在为期一个月的时间里，我密切地注视着他们怎样阅读和反复阅读这本书。然后建议他们把自己的印象写下来，写故事的续篇（如果谁愿意这样做的话），把所有这一切装订成一本小书，把摘自故事中富有哲理的警句做成语录牌，根据故事的内容绘画。其后，推选出报告人，给他们出主意——怎样写报告，怎样作报告。还要设法让孩子们产生扮演小王子的念头……然后就有了下面的读书讨论会。

第三次读书爱好者讨论会

我坐到最后一排的一张课桌的座位上，与埃卡同坐，而塔姆里柯则占据了我讲台后的位置。她已做好主持第三次讨论会的准备，但我还是在讲台上给她留下一份写有讨论会程序的说明书。

主持人："我们的第三次读书爱好者讨论会专门用来讨论安托万·德·圣埃克苏佩里的著作《小王子》。"

她拉开遮盖黑板的帷幕。黑板上写着：

> 3月10日
> 第三次读书爱好者讨论会
> 安托万·德·圣埃克苏佩里
> 《小王子》
> 这本奇妙的书教给了我们什么？
> "只有心灵才会有洞察力"——柯蒂
> "我对他负责"——桑德罗
> "群星在欢笑"——罗西柯

主持人："让我先给你们简要地介绍一下安托万·德·圣埃克苏佩里的有关情况。他是一位非常善良的人，他热爱儿童，为反对法西斯而斗争。他曾当过飞行员，多次遭到空难事故的不幸，遍体鳞伤，但他依然奋不顾身地为捍卫自己的祖国——法兰西和人民免遭法西斯暴虐而不息地战斗着。1944年7月31日，他在一次与敌人的空战中牺牲了。这本异常优美的书就是他在牺牲前不久写成的。我们——全球的孩子们都衷心地感谢他，他帮助我们跟一颗遥远的、极小的小行星的主人——小王子交上了朋友。自从我们开始阅读和一遍又一遍地阅读这本书以来已经一个月了——"

"我已经读了三遍。"

"我读了四遍。"

"我每个晚上都读。"

"我哭了好多次。"

主持人："今天我们要讨论的内容是：这本书教给了我们什么。让我们先把尼娅的这幅画挂起来。"

两个男孩子把小王子的肖像画挂在黑板旁边。肖像画在一大张厚实纸上。孩子们看到后都赞叹不已。

"我想象中的小王子就是这个样子的……"

"他脸上有点忧郁的神色……"

"他好像在太空遨游……"

主持人："现在我们请柯蒂发言。"

柯蒂："你们一定都记得很清楚，小王子是怎样跟狐狸交上朋友的。他驯服了狐狸。当他们分别的时候，狐狸向他吐露了自己的秘密。这是一条很明智的建议。'这就是我的秘密，'狐狸对小王子说，'它很简单：只有通过心灵才能洞察一切。最重要的东西用肉眼是看不到的。'为了把这句话铭记在心，小王子反复念了好几遍。他把自己跟狐狸的友谊告诉了圣埃克苏佩里。你们还记得后来他们是怎样一起在沙漠里寻找泉水的吗？当时小王子对圣埃克苏佩里说：'你知道吗，为什么沙漠是美好的？因为沙漠某些地方的地底下埋藏着泉水。'圣埃克苏佩里回答说：'不错，无论是房屋、星星，还是沙漠，它们所具有的最美好的东西，正是用肉眼看不到的东西。'小王子非常高兴，因为圣埃克苏佩里同意他的狐狸朋友的观点。"

柯蒂把他的语录牌挂在黑板上。语录牌上画着由葡萄藤和一串串葡萄组成的装饰图案，在上面写着："只有心灵才有洞察力。最重要的东西用肉眼是看不到的。"语录牌画得很美。

"这是你自己画的吗？"孩子们惊异地问他。

"不，我跟妈妈一起画的……"

主持人："请继续讲……"

柯蒂："于是我就思考这句富有哲理的话的含义。我也问过我父亲。他这样给我解释：难道光凭一个人的外貌就能判定他是好人还是坏人吗？也许，他的外貌一点也不美，但他有一颗关心他人的、善良的心。用肉眼怎能看出这个人是善良的呢？然而，他对他人的关怀备至和善良恰恰是他为人处事的最主要之点。这一切只能用心才能感受到。而小王子是这样解释的：'这如同对待花儿一样。如果你爱上了生长在某个遥远星球上的花儿，在入夜时分仰望嵌满星斗的天空，你就会感到，闪闪的繁星就如同向你绽开笑脸的朵朵鲜花。'我还问过我奶奶。她是一位考古学家。'当我站在鲜花盛开的田野上时，'奶奶说，'就会感到，在几千年前的某个时候，这儿曾有人居住，他们劳动、建设城市，进行斗争和自卫，现在如果进行挖掘，可以发现被湮没在这鲜花盛开的田野底下的古代城市的废墟、日常生活器具、牺牲或死去的人的骸骨。而如今，在田野上鲜花盛开、彩蝶飞舞。用肉眼怎能看到被埋在地底下的东西？这只能用智慧和心灵去感知。'奶奶还说：'既然我知道，在这鲜花盛开的田野底下安息着几千年来已消逝的人们的生命，因而我在上面行走时是十分小心的，而且，我还觉得，这些鲜花似乎就是过去多少代人的一张张笑脸。'我认为，父亲和奶奶正确地给我解释了这些明哲的话的意义。我还认为，只要我们互相友好、互相热爱并关怀备至、谨慎小心、富有同情心地对待我们周围的一切，我们就会心明眼亮。"

主持人："你讲完了吗？"

柯蒂："是的，我讲完了！"

主持人："现在让桑德罗发言！"

桑德罗先把他的一块色彩鲜艳的语录牌挂在侧面的墙上，然后开始发言。在语录牌上写着："对于被你驯养的一切，你要永远负责。"还有："你可知道，我的玫瑰，……我要对它负责。它是多么纤弱，多么朴实！它只有微不足道的四根刺，此外别无任何可以用来自卫、抵御外侮的东西。"

桑德罗："……'对被驯养的一切要永远负责'，这是什么意思？我认为，这意味着：要忠于你周围关心着你的人和物，表现出对他们的关心、忠诚、柔情和爱是你的责任。例如，拿我们教室里的东西来说。瞧，窗台上放着的这些盆花，我们要对它们负责。应该把它们看作是我们唯一的、最美丽的、无与伦比的花。这样，我们就会更强烈地喜爱它们。又如，怎样对待我们鱼缸里的鱼呢？不应该在鱼缸里放太多的鱼。我们放养和照料三条鱼。让我们给每一条鱼取一个名字并观察它们各自的活动和变化。这样，它们就会成为我们的朋友。也许，小王子就是这样做的。要知道，没有我们的细心照料，无论是花还是这些鱼都将夭折！我们也要对我们的小树负责。人们要互相负责，父母要对孩子负责，孩子也要对自己的父母负责。我们也要对那些需要我们关心的年幼者负责。小王子教给我们的是这一道理，他是那样充满着柔情地关心着自己的玫瑰……我的话完了。"

主持人："谢谢！现在让罗西柯发言。"

罗西柯也在侧面的墙上挂上自己色彩鲜艳的语录牌，上面写着："深夜，你看看那满天的星斗吧。因为我居住的那颗星星实在太小了，所以无法指给你看。但这样也许要好一些。对你来说，它只是群星中的一颗。你要喜欢观看星星……它们将全都成为你的朋友。"还有："深夜，你仰望一下天空，在那儿有一颗我所居住的星星，我在那儿欢笑着，你将听到星星发出的笑声。你将拥有很多会笑的星星！"

罗西柯：……

主持人："谢谢！罗西柯！我认为没有必要向我们的报告人提问了。让我们现在就进行《小王子》一书片段的艺术朗诵，而后再发言。你们同意吗？"

"同意，这样很好！"

主持人："那我们就请纳托、列里、格奥尔吉、叶莲娜、捷恩戈和马格达来朗诵。他们将给我们朗诵小王子访问各个行星的有关段落。"

纳托挂出一块语录牌，上面写着："那你就自己去评价自己吧！这是最困难的事。评价自己远比评价别人困难得多。如果你能正确地评价自己，你就是一个真正贤明的人。"接着他朗诵了关于小王子拜访一位国王的片段。孩子们报以热烈的掌声。

在列里的语录牌上写着："虚荣心强的人爱听赞扬的话，对其他的话只当耳边风。"列里朗诵了关于小王子拜访的一个虚荣心很强的人的片段。孩子们边笑边鼓掌。

格奥尔吉表演了小王子与醉汉谈话的一幕。

叶莲娜挂出一幅商人的肖像画，小王子在第四颗行星上与他相遇。之后她绘声绘色地表演了他们之间的对话。

在捷恩戈的语录牌上绘着一个路灯工人，在上面写着："他关心的不仅仅是自己。"捷恩戈引人入胜地朗诵了关于小王子与路灯工人会见的片段。

以马格达表演了小王子与一位地理学家会见的场面。

孩子们的掌声表明，他们对自己同学的朗诵和根据书中情节所作的表演都非常满意。

主持人（看表）："我们还剩下 5 分钟时间。因此，每个想发言的人必须把自己的发言压缩在 1 分钟以内。"

要求发言的人很多。

主持人:"请大家提名,让谁发言。"

"拉里……"

"伊娅……"

"祖利科……"

"埃拉……"

"沙尔瓦·阿列克桑德罗维奇……"

主持人:"在课间大休息时我们还可以交换意见,现在请被提名的几位同学发言……"

拉里:"这次读书爱好者讨论会开得非常生动有趣。我更强烈地喜爱小王子了,我希望他能再次访问我们的星球,来到我们班上。我认为,他将乐意跟我们生活在一起。要知道,一个人居住在那小小的行星上,他感到有一种说不出的愁闷……"

伊娅:"我们应该学会像小王子一样忠诚。他是那样地忠于他的花,那样地思念他的花。我还喜欢小王子判断问题的方式,他对什么事都爱刨根究底……"

祖利科:"我还要把这本书读好多遍。我想为人们创造某种美好的东西。我编写了一个故事,叙述了小王子在自己的行星上怎样爱护玫瑰,使它免于遭小羊羔果腹的命运……"

埃拉:"不应该做一个爱吹牛、图虚荣的人。小王子从不自吹自夸,从不撒谎骗人。他是一个非常善良、富有同情心和忠诚的人。我曾经梦见过他,我想救他,使他免遭毒蛇咬伤。要知道,他毕竟害怕被蛇咬伤……"

沙尔瓦·阿列克桑德罗维奇:"这本书促使我以另一种眼光来看待你们每一个人。对于圣埃克苏佩里来说,小王子始终是一个神秘的、谜一样的男孩。我也在与神秘的、谜一般的人打交道。我觉得,你们每一个人都是小王子,你们都是从自己的小行星来到地球这个大行星上的。你们来到地球，是为了认识这个世界，成为更聪明、更有经验的人，学会用心灵去探索和发现。我是你们的老师，帮助你们成为这样的人是我的天职。你们每一个人都有自己的操心事，你每个人都对某人、某事承担着责任，就像小王子意识到并感觉到他对自己唯一的玫瑰承担着义务一样，你们也深深地意识到对人对事的责任。今后，你们将奔向四面八方去实现各自的理想，光荣地履行自己的义务。现在我就是这样地看待你们每一个人的……听，下课铃在响着。你们可以把你们的画和小书陈列在走廊里，地方已经准备好的。请你们把我的语录牌也挂在某个地方。可以休息了。请别忘了，从今以后，你们每个人都是小王子！"

孩子们热烈鼓掌。这意味着他们很喜欢这次讨论会。

我的语录牌挂在侧面的墙上。上面写着："在这个酣睡着的小王子身上，最令人感动的是他对一朵花的忠诚，即使在他酣睡的时候，玫瑰的形象也如同发光体的光焰一样从他身上放射出光芒……"尼娅帮助我装饰了语录牌。孩子们在我的语录牌前伫立良久，每个人都大声朗读这段语录，然后不慌不忙地走出教室。在走出教室时，他们显得有心事的样子，继续在互相证明、解释些什么。他们把各自的语录牌和图画挂在走廊的墙上，把他们自己写的关于小王子的小书放在小桌子上。其他班级的孩子们（二、三年级的学生）好奇地翻阅着这些小书。

【教育家的课堂观点】

一、阅读的愿望是诞生心灵力量的第一颗火星

阅读是这样的一件事，它必须要以儿童要读为前提。没有这一前提，儿童在认识的世界里就寸步难行，他们的精神生活将会是贫乏的。经常可以听到有些教师这样说："儿童不要读，不想读——就这么回事！"于是他就觉得无事一身轻了。但我有我的尺度，我要按照这个尺度来衡量自己的教育技巧。我每天都提醒自己：如果你的大多数学生都不要读，你就是个

坏教师；如果你的大多数学生都酷爱读，你就是个好教师；如果你班上所有的孩子都爱读，并且都嗜读成癖，那你不仅是个好教师，而且还是一个好的教育者。"培养儿童对阅读的热爱，这是涉及教师人格的大事！我们就应该把问题提到这样的高度来认识。

二、阅读是在潜移默化与潜滋暗长中建构儿童的精神世界

难道可以把这些人的文学作品称作知识的总和吗？每一首诗，每一篇故事——这都是情感、感受、召唤和警世之言的结晶。应当潜心钻研它们，从中吸取养料，用心灵去感受它们。现在，我坚定不移地遵循这样的思想：儿童只有通过自己的情感之门，通过共同感受、共同欢乐和自豪的情感，通过认识兴趣去吸取精神财富，他们的精神世界才能得到丰富。强迫他们去丰富自己的精神世界，这无疑就是蓄意把乐园苹果栽种到浸透了毒药的土壤里。

儿童的精神世界犹如一座神殿，把它弃置不顾，这无疑就是教育的犯罪。有句民谚说得好："神殿荒芜，魔鬼作祟。"我认为，帮助儿童用人类创造的最美好的形象充实他们的独一无二的精神王国，向其中播下在日后赖以形成信念、世界观和道德准则的崇高理想的种子，这是我的神圣天职。

儿童的精神生活是摸不着看不到的东西，我们不能"监督"它、"检查"它；儿童的心中想些什么，他想做什么和想与谁交往，谁又能解释呢？每个人的精神世界都是一个不能被旁人所侵占、不能被粗暴的干涉所打开的奥秘，这是大自然送给人类最伟大的礼物。但不能因此而奉行这样的原则：凡是我看不到的东西，我概不承认它的存在。谁能说，能治病的药泉的质量与从其中涌出水流的地层是毫无关系的呢？如果有人破坏了该处地层的结构，可想而知，发源于这一地层的药泉的水质会变成怎样的？对于儿童的精神世界同样可以这样说。正因为儿童的精神世界是不能被我们直接看到的，所以我们应该为儿童的精神世界而操心，关心他们的精神世界。

［以上案例及观点分析自阿莫纳什维利的《孩子们，你们生活得怎样？》（朱佩荣译，教育科学出版社，2002年2月第1版）摘录整理］

【我的感悟思考】

阅读让每个儿童的生命闪闪发光

精神的荒芜，必然导致心灵的虚空，造成生命的虚无。教育在某种意义上就是用书籍唤醒内在的灵魂，以不断地完善精神与肉身的自我重塑。教育教学及教师的神圣天职，就是通过书籍为儿童的一生建筑心灵的圣殿。要让书籍真正为学生的精神生活打下亮丽、厚重的底色，为他们的生命奠基。教育从本源意义上来理解是对学生精神的滋润、心灵的涵育、价值觉醒的点化，它可以通过多种多样的方式来进行。而许多教育家基本上都倡导通过"阅读"然后小心翼翼、关怀备至地触及儿童的心灵世界，将闪闪发亮的星星般的"种子"播撒下，让其在潜移默化与潜滋暗长中发荣舒展，并成为指引心灵一生的光芒。那么教师该如何通过阅读引领学生心灵的成长？

一、 通过阅读引领学生拥有自由的心灵

心灵的自由是通过什么来获致的？生命之初，人们最主要的是通过静观风行水流，深赏草长莺飞，聆听溪声泉韵……通过自然世界的畅然生机来触悟我们心物交会，和着自然之节奏作自由的舞蹈。人是自然的产物，同时人也是符号的动物。随着符号文化的渗入，个体生命及自由往往需要通过文字的阅读而得以锤炼与凝聚。在阅读中，人的根性才会在古今中外的文化经典与智慧精华的涵润中，心灵舒展、自由蓬勃，如长风出谷，如决江河，沛然莫之能御。阅读的边界决定着思想的边界，阅读的边界决定着心灵的边界，阅读的边界决定着精神自由的边界。尤其是，在现实生活的重重逼迫与层层压榨之下，许多时候，许多人（包括儿童）心灵无法得到"随心所欲"的延伸与舒展。于是，阅读便成了最佳的"心灵漫游"与"生命充值"。正是从这个意义上来说，阅读是儿童心灵自由成长的"精神后花园"。

苏霍姆林斯基深信此理，笃行此道。在他的学校中，三十多年如一日就是千方百计地鼓励与倡导师生阅读，用阅读来点燃沸腾的校园生活。他经常开心地和师生们交谈着读书的感受，还将学生引进他拥有成千上万本书籍的私人图书馆……苏霍姆林斯基在文中写道："每当我把我的每一个学生领进我私人的图书馆里时，我认为那时才是我同我的学生精神交往唯一可能、唯一顺利和幸福的时刻。"苏霍姆林斯基就是这样将一个个幼小的心灵小心翼翼地带入精神生活（智力生活）的海洋。在书籍的哺育下，无依的魂灵渐渐学会在思想的王国中游泳，并不断地寻求属于自己的方向。只有获得精神生活的灌溉，才能有丰足的精神成长。

二、通过阅读引领学生拥有明敏的心灵

雷夫·艾斯奎斯在《第五十六号教室的奇迹》一书中写到，乐于阅读的孩子能和身旁的世界产生联系，最后具备超越现阶段想象范围的思考能力。他们会在角色、情境和自我之间建立联系，并且把它当作做决定时的参考。某天晚上，我10岁大的学生演出了《亨利四世》中的"亨利王子"和"福斯塔夫"两个角色。不少犬儒之徒质疑孩子们是否能真正理解这两个角色背后的意义。事实上，孩子们的理解力比我们想象得更好：在认真思考亨利王子为了在一个无耻的世界中找到荣誉而奋斗所做出的挣扎和努力的同时，孩子们学到了日后在学校餐厅面临困境时的自处之道。

阅读是内在地打开学生感受世界的"心眼"。在童年时代，如果不幸没有经由细腻阅读的抚慰与调养的人，长大了往往就会变得缺点"心眼"——生活仅仅是穿衣吃饭，几乎很少有心灵的感动，有生命的激动，有人生的冲动……伴随一生的只是一例的麻木不仁，无动于衷。没有在书

中浸润、溶化，没有在细致情感的滋育下，没有经历一种期待后的悸动，没有经历一种因神奇而感受到的震撼，心灵就会处于未开窍状态。而这分开明暗清浊的"盘古开天"的事业只能由阅读，不断地阅读，不断地深入细腻地阅读，来唤醒心中的巨人。心灵的启蒙从来就是一件细致入微、内在深层的呼吸与呼吸之间的"精神交换"，无法自外而内地、强制性地"改天换地"或"长驱直入"，只能是春风风人、夏雨雨人，和风细雨、润泽人心。我们的教育的神圣使命就在于"培养自己的学生，从学生们的幼年起就让他们的心灵受到精神美的阳光哺育，使他们的心灵成为纯洁、细微而敏锐，并易于接受道德上的教诲……"而这种内在的明敏，是要通过日积月累的阅读浸润与渗透，方能修持圆润莹亮。

寻找最喜爱的书的历程，因此也就成了寻找自己"明敏"心灵的过程，也是生命"突然觉醒"的过程。而这一过程，就是人生与生活走向精神的优雅与细致的过程——是精致还是粗糙？是内生还是外骛？过一种怎样的人生需要阅读来引领：需要心灵听从阅读的召唤，或者阅读听从心灵的召唤！

三、 通过阅读引领学生拥有丰富的心灵

人只有与世界同在的时候，心灵才会充实而丰富，否则，人的内心世界就会显得干瘪乏味、充满喧哗与骚动。有了阅读作为一种滋养，生命才会出现不断涌流的状态。"如果一个学生没有发现学校里的图书世界，如果这个世界没有在学生面前展现出智力生活的欢乐的话，那么，学校也不会给他什么，他只能怀着空虚的心灵走进生活中去。"

阿根廷著名的作家豪尔赫·博尔赫斯在《博尔赫斯谈诗论艺》中谈到："事实上，诗与语言都不只是沟通的媒介，也可以是一种激情，一种喜悦——当理解到这个道理的时候，我不认为我真的了解这几个字，不过却感受到内心起了一些变化。这不是知识上的变化，而是一个发生在我整个人身上的变化，发生在我这血肉之躯的变化。"学生就是在丰富多彩的读书活动中获得心灵的成长与精神的滋养。在书香、书味、书韵、书趣的浸、刺、提、顿中,生命渐渐凸显出其幽妙精微的图像和风景。学生阅读是一种自由的精神的漫游与心灵的自在的翱翔。在这一精神之旅的始终,教师要与学生有精神的感通与心灵的契应。这就意味着教师不能放任自流,而是要适当引导,否则,学生阅读其精神痕迹可能就是一时热情熄灭之后的昙花一现了。

文化与教育的使命在于促进学生精神成长,引导学生在书籍中寻求与自己精神血脉互通共融的气息,营创属于自己个人的独特的姹紫嫣红的心灵的秘密花园,在朝夕的温习与探索中建构与塑造生命的面貌与人生的价值向度。

让儿童学会独立思维

——阿莫纳什维利的课堂评议(三)

【教育家的课堂观察】

案例1 举例来说,我从某篇故事中选择一个片段,事先把它改写成有各种各样错误(正字法、标点符号、修辞错误及机械性的错误)的短文。把它复制若干份,分发给学生们,让学生找出并纠正其中的错误。秘密在于,如果在短文中有 10 处错误,但我却对学生说,在其中有 5 处错误。如果谁盲目相信教师的话,不用说,一旦找出前半部分的 5 处错误,他立即就放心了，因为作业已经完成——在前半部已找出 5 处错误并作了纠正，不需要继续读短文了。如果有人并不以此为满足，继续往下做，他就能再发现 5 处错误。下一次做类似的作业时，教师对学生们说，在该短文（当然已换了一篇短文）中有 20 处错误（可能仍是 10 处错误），请找出错误，并加以纠正。学生们每个人就会竭尽全力在短文中寻找 20 处错误。有些学生缺乏自信心，可能会竭力要凑满 20 处错误，结果误把正确的当作错误的。

我不会毫无根据地号召："喂，孩子们，怀疑吧，显示出你们的分析批判能力吧！"我认为，较好的办法就是让学生做这样的作业：要完成作业，你们必须批判地思考作业的已知条件。"先得检查一下，万一不是这样呢？如果这不是需要的那样呢？我怎样才能确信？"我要让这些问题在学生完成任何作业时都经常伴随着他们的思维活动。

有一次我在黑板上写下一道习题，很严肃地对学生说："给你们 10 分钟时间解答这道习题！"学生们谁也没检查这道习题的已知条件正确与否就着手做了起来。结果习题解答不了，求不出得数。在课快要结束的时候，沃瓦告诉全班："这儿有错误，这道题不能解！"这时学生们才恍然大悟。在沃瓦发言以后，我表示"感到很惊讶"——"这怎么可能，我跟你们一起检查习题的已知条件……"结果，教师向学生们道歉："请原谅，孩子们……我自己搞错了！"（我当然不会搞错，我是故意这样做的，目的是要引导学生去认识论证习题本身正确与否的重要性）

不久前，有一位准备写学位论文的研究生前来找我，请求容许她在我班上进行一次问卷测验。在同一天，她接连三次给孩子们做了三道问卷作业。每一次她都分发给我的三年级学生人手一份附有完成作业的指令的问卷。第一道问卷的指令告诉孩子们："在文章中有 10 处错误，请找出错误并加以纠正。"第二道问卷的指令要求孩子们找出并纠正文章中的 5 处错误。第三道问卷的指令说："在文章中有 20 处错误，请找出错误并加以纠正。"这次问卷的秘密在于，在三道问卷中的错误数均为 10 处。第二、第三道问卷的指令本身是错误的，这就给孩子们造成了一种错觉。几天以后，这位研究生激动地来找我，毫不掩饰自己内心的惊奇和困惑："请您告诉我，这是怎么一回事？您班学生的成绩普遍比五年级学生的成绩高出一倍，甚至也有高出两倍的！"换句话说，我的学生根本不受问卷指令的束缚，他们差不多人人都找出了 3 篇文章中的错误并加以纠正了。而五年级的学生囿于问卷指令，甚至有一半错误没有发现。在做第三道问卷时，他们过于"卖力"了，结果甚至把正确的地方也当作错误的。在获悉了问卷的结果以后，我就想，我的三年级学生不盲从问卷的权威，这意味着，他们的智力的批判性、思维的独立性都是出色的，当然，他们还具有控制能力。

案例 2   "现在请你们给我出这样的题目！"我向孩子们建议。

"请您比较 2＋8 和 6＋4 两道加法的和哪个大。"有一个孩子对我说。

"这挺简单！"我开始在黑板上写算题，并大声地说："2＋8＞6＋4。给我做一道难一点的题目吧！"

但是孩子们提出了抗议。

"这是怎么回事呀？……哎呀，请原谅，应该写'小于'的符号……"全班激动起来。

"怎么啦?! 我做错了?"（我仔细地看着黑板上的题目）"当然喽……2 加 8 等于 11，6 加 4 等于 10。一点不错：11 大于 10。"（我把黑板上的">"改成了"<"）

"他们是相等的！……应该写等号……等——号！10 等于 10！"

我终于"理解"了孩子们"造反"的原因。

"请原谅！不用说，这里应该写等号。11 等于……不，不！10 等于 10！"

读者可能要问：降低自己的威信的方法算什么名堂？这种诀窍有什

用？因为可以挺简单地问孩子们："在 2＋8 和 6＋4 之间应该写上什么符号？"他们马上就很流利地回答，应该写等号。事情就完了。可是你的班上，孩子们像蜂箱里一群受惊的蜜蜂一样，嗡嗡地乱成一团糟。为何要这样做？

是呀，某些教师所常有的习惯势力的惰性目前还十分强烈。不言而喻，给孩子们布置现成的习题，要求他们正确和尽心地作出解答（让他们自己绞尽脑汁去做出来），然后安排短时间的或长时间的个别和集体提问，了解孩子们学会了什么，是怎样完成作业题的，这对于教师来说要省事得多。如果一切教学活动都可以安排得简单到使"教师感到方便"的那种程度，似乎就不必采取各种各样的教育"妙计"了！

【教育家的观点】

一、"夺取"知识的智力"搏斗"

处在思维的王国里的人充满着非常美好的情感。这是什么？是灵感吗？在这个王国里，能使人体验到非同一般的感受：个性的成熟、自我确认、自我提高和自我发现。要培养儿童具有勇于创新的头脑，对认真的智力活动的兴趣和作为一种个性特点的独立性，要使他们感受到共同创造的欢乐，就得创造这样的条件：使他们点点滴滴的思维闪光组成一个思维的王国，使他们可能认识到自己是思维王国的主宰者。那么，怎样的条件才能促进在我们的小教室里出现思维的王国并推动儿童加入进去呢？……我认为必须指出其中的一个最重要的条件，这就是培养儿童的独立性，培养和发展他们的思维、判断和论证的独立性。

学生都企求得到快乐，究竟什么东西才能使学生得到快乐呢？是巧克力糖？是认识？不用说，两者都能使学生得到快乐。我认为使学生得到认识的快乐和得到在掌握知识的过程中克服困难的快乐，是我的天职。我所致力的目标，是要探索这样一种教学方法：不是把知识"填入"学生的脑袋，而是让学生自己设法向我"夺取"知识，从与我的智力"搏斗"中掌握知识，通过始终不渝的探索和对知识的孜孜不倦的渴求来获得知识。但是，为了使这一切真正地得到实现，我将在学生的认识的道路上设置一道道的障碍，学生必须以极大的努力来跨越这些障碍。

他们不在与我的智力搏斗中确立自己的立场、观点和自己的"我"，能有别的什么场合吗？对一个儿童来说，如果不与我辩论，他怎能感受到自己的智力胜利，怎能获得宣告和肯定真理的快乐呢！……

二、 没有怀疑能力，人就没有激发创造才能的心灵之火

教学法专家们竭力提供给我们的各种练习，其目的都在于发展学生完成公式化的作业所需要的那种技能和技巧，不知这是为什么。完成这类作业不要求学生具有怀疑点什么的能力。比如说，怀疑习题的列式、它的已知条件、问题及指令正确与否。既然给做习题，也就是，习题本身是绝对正确的，不可能有错误！在这样的情况下，学生的分析判断能力受到了抑制，不让学生有半点疑虑，那怎能激起学生的思维活动呢？应该善于怀疑，既要相信，也要检验！在这样的情况下，学生的见解将建立在个人经验的基础上。当然，孩子，这完全不是你的事，但你（你自己根本没有想到这一点）促使我不得不责备这样的一些教学理论家：他们一致断言，学生不应该怀疑教师布置的习题和作业，他的讲解和论证的正确性。我不禁要问，在这样的情况下，该怎样和从何处去发展学生的这种怀疑能力呢？

在某些教学论著作的字里行间，我似乎听到它们的作者在说：为什么要发展这种能力？儿童为什么要具有这种能力？但儿童终究会长大成人的，而对于成人来说，这种能力实在是非常必要的，否则，如果学生对什么都盲目服从、偏听偏信，没有主见，那他就没有自己的个性。如果不在童年时就奠定怀疑能力的基础，在成人时这种能力就不会出现；而没有怀疑能力，人就没有激发创造才能的心灵之火。吉亚，你可知道，卡尔·马克思有一句喜爱的格言："怀疑一切"。这是他对自己的女儿的教导，也是

对所有青年人的教导。这也是给我的建议。根据马克思的这一教导，我给自己规定了下述箴言：教师，要培养自己的学生具有怀疑的能力，因为掌握知识的过程中产生的怀疑为思维打开了认识世界的通道，孕育着信心和个性的独立性。

现在我要揭示我的教育秘密。说老实话，我的实际目的是要发展每一个人控制自己的学习活动的能力。检验、重新评价作业的已知条件，不受权威性的影响所迷惑——这是从事真正独立的创造性工作的必要技能。

［以上案例及观点分析自阿莫纳什维利的《孩子们，你们好!》《孩子们，你们生活得怎样?》《孩子们，祝你们一路平安》!（朱佩荣译，教育科学出版社，2002年2月第1版）等摘录整理］

【我的感悟思考】

批判与再生——教师专业成长的精神履历

一、什么是批判性思维

美国著名物理学家费曼在其自传《别闹了，费曼先生》中写道，他24岁加入美国原子弹研究项目小组，参与秘密研制原子弹项目"曼哈顿计划"。每天费曼都在紧张地研究、阅读，研究、阅读。有一天，除了科学家贝特（Hans Bethe）之外，所有的科学巨擘刚巧都不在镇上。而贝特因有一个想法要找人来交流，因为他要找个人来唱唱反调，看看他的想法是否经得起考验。贝特跑到办公室来，找上费曼这个当时的"小人物"说明他的想法，而且争论起来。费曼说："不，不，你疯了。应该是这样这样才对。"贝特便说"等一下"，然后解释为什么不是他疯，而是费曼才疯了。他们就这样吵闹下去。要知道，每当费曼听到物理的一切时，他便只想到物理，甚至连交谈对象是谁都完全忘记，因此费曼会口不择言地说"不，不，你错了"或者"你疯了"之类的傻话。但没料到这刚好是贝特所期待的态度，因此费曼被擢升一级，成为贝特手下的小组长，负责督导四名研究人员。

从这个案例中我们可以清晰地看到，贝特、费曼等科学大师们是如何地推崇和践行批判精神、批判思维。可以说，是批判孕育着创造。然而，在现实生活中批判精神、批判思维常常被人认为是不够"温柔敦厚"，不够"君子风范"，甚至被视为"背经离道""大逆不道"。批判性思维也往往被人视为"你说左，我偏偏说右""你说错，我偏偏说对"的"对着干"的姿态。那么，批判精神、批判思维到底指的是什么呢？美国著名学者理查德·保罗的《批判性思维工具》一书对批判性思维作此解说：批判性思维建立在良好判断的基础上，使用恰当的评估标准对事物的真实价值进行判断和思考。结合理查德·保罗的理解及贝特与费曼的"批判性"对话，我们可以试着来归纳：批判精神就是一种"人云亦云不云，道听途说不说，老生常谈不谈"的突围与思想的跃动，是全面考察、综合考量，分析思想观念及事物的来龙去脉、前因后果，审时度势、深思熟虑，作出的理性分析及深刻思考，进行推导、验证，在此基础上获得较为公正的认识的过程。

二、 批判性思维的重要性及在个体生命成长中的意义

批判性思维是一把锐利的雕刻刀，其效果常常是点铁成金、脱胎换骨。每个人的思想发育及精神成长如没有经过批判性思维的浇灌与洗礼，那么他注定是患上思想的"侏儒症"及精神的"贫血病"。批判性思维是人成为独立个体、自由公民的内在尺度。批判性思维在个体生命成长的历程中也起着至关重要的作用。考察诸多名家及常人的成长历程，我们就可以看出批判性思维在个体生命发展轨迹中的核心价值与意义。

比如陶行知先生的改名故事，就可以给我们理解批判性思维的作用带来深刻的启迪。陶行知原名陶文俊，1910年在金陵大学读书时，敬慕王阳明的哲学思想，奉"知为行之始，行是知之成"为至理名言，于是改名为

陶知行。后来在晓庄学校工作期间，他的思想在实践中发生巨变，对知行关系有了新的认识。1931年他写了一首短诗《三代人》："行动是老子，知识是儿子，创造是孙子。"到1934年7月16日，他在《生活教育》半月刊上公开声明，改名为陶行知。他曾解释说："我的理论就是行、知、行。"晚年时，陶行知先生把"行"和"知"两个字合写成一个字，读"gàn"，强调的是"知行合一"。陶行知教育教学思想就是在不断的批判中完善，在不断地对自己的批判中达到凤凰浴火、涅槃重生的境界。

在我看来，批判性思维的培养是个体生命成长过程中至关重要的"活性因子"。

1. 批判性思维养成清明的思考

著名作家狄马提出：从思维方式的演变来看，人类大致经历了三个阶段：神学思维（信仰）、玄学思维（迷信）、科学思维（实证）。我们这个民族的思维方式在一定程度上停留在"诗性思维"或"玄学思维"的阶段，"科学思维"的能力有所欠缺，而"理性与批判性"恰好属于"科学思维"的范畴。批判性思维意味着面对各种思想观念、现象及社会实践都秉持着一份清醒，而不是不假思索地盲信盲从。批判性思维不是简单的"对抗性思维"，而是一种"审辨式思维"。它努力不囿于"前见""旧见"，不固执于"己见""他见"，不偏执于"定论""结论"。

2. 批判性思维养成独立的人格

批判性思维就是唤醒心中沉睡的巨人，唤醒生命的主体精神，唤醒自己的独立人格。自主就是自己是自己的主人，自己是自己的主宰。如果自己无法自主，就会被他主；如果自己无法主宰，就会被人宰。在日常的教育教学生活中，不少教师养成了"应查教育"的心态，唯书是从，唯上是从，把"唯我独尊"读成"唯我独卑"，缺乏批判性思维，缺乏独立人格。一个心无存主的人，是不可能拥有思想的尊严与独立的人格的，也就不可能培养出自强刚健、精神明亮的生命。

曾读过王立根老师写黄玉峰老师的轶事，颇有感怀：在一次中学语文高端论坛上，那是一次全国中学语文界的盛会，但会议开得很沉闷。如官方会议一样，台上衮衮诸公正襟危坐，一切按程序办，专家发言也了无新意。正在此时，一位年近50的中年教师跑上讲台，抢过话筒，厉声谴责会议主持人浪费大家的时间，接着不顾大家的反应如何，便慷慨激昂地谈起当今语文教学的危机，他的发言激起全场暴风雨般的掌声。第二天，《中国青年报》以"中国语文界的叛徒"为题报道了他的发言。可以说，正是批判性精神成就其独立人格，正是其独立人格成就其教育教学的力量。

3. 批判性思维养成独特的创造

儿童在学习生活中没有"我"的思想、"我"的思路，总是亦步亦趋、步人后尘，其结果也许能取得优秀的学业成绩，但终是不免平庸。缺乏批判思维，没有与众不同的见解与思路，没有"推陈出新"的勇气，就没有"标新立异"的创造力。

布卢姆在原版《教育目标分类》（1956年版）中，将学习能力目标分成六大类：知识、领会、应用、分析、评价、综合，其中评价能力就是批判性思维能力。批判性思维是创造性思维的前驱。通过批判思维的培养，可以使生命个体从自身的束缚中超拔而出，打破循规蹈矩的藩篱，找到自我认同、自我超越、自我提升的尊严与幸福的源泉。

八、斯腾伯格

罗伯特·J. 斯腾伯格（1949—），美国心理学家、心理计量学家，担任过美国心理学会主席。他提出了智力三元论、成功智力理论、爱情三角理论等。

培养聪明的学习者

——斯腾伯格的课堂评议

【教育家的课堂观察】

案例1 假设下面的场景发生在一所高中的课堂上，教师正在上历史课，除教师外，出场的角色还包括一个叫丽莎的学生。

教师：昨天，我们开始上法国大革命这一课。1789年，巴士底狱被愤怒的群众攻陷，导致了法国大革命的爆发。法国当时的统治者是路易十六和玛丽·安东尼王后。想起来了吗？国王和王后被关进了监狱，后来上了断头台。断头台是法国大革命的象征。

所以，大革命推翻了君主专制制度，最终建立了共和政体。然而，共和政体是建立在数年的流血的基础上的。在这段恐惧统治时期，许许多多的法国民众被定上了"反革命"罪名，处决人犯是家常便饭，而且行刑的速度非常快。举个例子来说，去年夏天，我去了巴黎。在那里，我参观了一个历史博物馆，馆里收藏了许多大革命的证物。其中我看到了一份死刑判决书，这是一份简单的表格，法官签了字就生效。表格的空白处填写罪犯的名字、具体的罪名，还有行刑的时间和地点。大革命时实际所用的判决书和这份一模一样，但我最终无法忘记的是"行刑日期"一栏里写着"aujourd'hui"。有谁知道这个词是什么意思吗？

丽莎："今天"的意思。

教师：回答对了。（同学一阵笑声）

案例2 再来看看以事实为基础的问答策略的例子。下面假设的场景里包括教师和四个学生：大卫、简、戴比和安德鲁。

教师：让我们复习一下法国大革命。大革命是什么时候发生的？

大卫：1789年。

教师：对，那是大革命开始的时间。美国那个时候发生了什么事情？

安德鲁：独立革命吗？

教师：不对，美国独立革命是什么时间发生的呢？

安德鲁：哦，17——

简：1776年吗？

教师：对，而且结束于1781年。所以当1789年法国大革命开始的时候，美国独立革命已经结束了。美国再也不是英国的殖民地了。在美国，7月4日是国庆日。法国的国庆日是哪一天呢？

大卫：7月14日。

教师：对，那天发生了什么事情？

戴比：巴士底狱！

教师：什么？巴士底狱是什么？

戴比：是一个城堡，当监狱用的。

教师：对。法国民众认识到巴士底狱象征着国王和王后的君主专制统治。当时法国的国王和王后是谁？

安德鲁：啊，路易十四。

教师：错了，路易十四要早一些，是路易十六，你记得王后是谁吗？

安德鲁：玛丽·安东尼。

教师：好，让我们再回到巴士底狱去，在7月14日那天到底发生了什么事情？

大卫：人们攻陷了巴士底狱。

教师："攻陷"是什么意思？

大卫：他们闯进了巴士底狱，占领了那里。

教师：是的，今天我们可以参观巴士底狱吗？还看得到巴士底狱吗？

简：看不到，人们把巴士底狱捣毁了，巴士底狱再也不存在了。

教师：对。他们把这座监狱拆成了一块一块的石头。所以今天你只能看到巴士底狱的模型，还有它的原址而已，但原来的监狱却再也不存在了。

案例3 最后，让我们来看一看第三种教学策略——对话策略（以思维为基础的问答）的例子。下面的场景中出场的还是上面的教师和四名学生。

教师：昨天，我们讨论了一下美国独立革命和法国革命的相似点。但是这两个革命又有哪些不同之处呢？

戴比：法国大革命是流血革命。

教师：为什么说它是流血革命？两个革命都很猛烈，不是都死了很多人吗？

安德鲁：但是法国大革命中有一段恐怖统治。

教师：对，在恐怖统治里，好多无辜者被杀了，对吧？

戴比：但是法国大革命更糟！死的人更多！

安德鲁：对呀，恐怖统治中真的死了好多人。

大卫：还有，法国人在恐怖统治中杀的是他们自己的同胞。美国独立革命就不一样了，美国人杀的是英国人，而不是自相残杀。

简：不是吧？有些美国人因为效忠英国人也被杀掉了。

大卫：但在战役中被打死和被计划地屠杀不一样。好多人没经过审判就被推上了断头台，他们先是被安上莫须有的罪名，然后立刻被砍了头，他们死得不明不白。

安德鲁：没错。

教师：啊，我知道了。所以，两个革命的第一个不同就是法国革命有恐怖统治，很多人被无辜地处死了，而且经常是在没有经过审讯的情况下。美国独立革命中却没有这样的事情。两个革命还有什么其他不同吗？

简：美国当时是英国的殖民地，我们是为了独立而战。

戴比：对。法国不是殖民地，法国自己就是殖民者。

教师：但是，我认为两个革命都在反抗专制制度，只不过法国大革命反抗的是王权。

简：但是在法国，国王是法国的国王。而乔治三世不是美国国王，他是英国国王。

教师：所以这两个革命的第二个相似点是它们都是为了反抗君主专制，不同的是美国是殖民地，而法国不是。美国人民反抗的是外国君主，法国人民反抗的是他们自己的君主。

【教育家的观点】

第一个策略是以讲课为基础的，我们称之为照本宣科策略。在这种策略中，教师只是简单地把教材的内容呈现给学生，师生之间几乎不存在互动，或许只是稍有例外，比如偶尔有学生要求澄清某个细节，或者教师偶然地提出一个问题。而且，学生之间也不存在互动，即使有互动的话，也跟正在上的课没有关系。第二种策略是以事实为基础的问答策略。在这种策略中，教师向学生抛出大量的问题，这些问题主要是为了引出事实。而对学生的回答，教师的反馈大致上无外乎是"对""好""是"或"不是"之类。在这种策略中，师生之间互动频繁，但这种互动很简短，通常不会对个别问题追根究底。第三种策略最适合思维教学，即以思维为基础的问答策略，或者说是对话策略，对话也正是这种方法的特征，这种策略鼓励教师和学生以及学生之间进行交流。这三种教学策略有着不同的特征与用途（如下表）。

三种不同教学策略的特征与用途

名称	特征	最适合	例子
照本宣科（以讲课为基础）	教师以讲课的形式呈现材料。师生之间以及学生之间的互动最少	呈现新信息	教师："今天我将给大家讲法国革命。"
以事实为基础的问答策略	教师提问主要是为了引出事实。教师的反馈是"对"或"错"。师生之间互动频繁，但对个别问题不追根究底。学生之间的互动很少	复习刚学的知识。测试学生掌握的知识。作为照本宣科式策略和对话式策略的桥梁	教师："法国大革命是什么时候发生的？当时的国王和王后是谁？"
对话策略（以思维为基础的问答）	教师提问是为了刺激学生的思维与讨论。教师评论学生的反应。师生之间和学生之间存在大量的互动	鼓励课堂讨论。在关键时激发思维	教师："法国革命与美国革命有哪些相同点，又有哪些不同点？"

我们认为，一般来说，对话策略最有利于发展学生的高级思维技能，原因有两点。第一，只有在这种策略中，学生才进行真正意义上的思维，而不是仅仅复述书本上的答案或教师的授课就可以过关。这并不是说，其他的策略不能启发学生的思维或高级思维，实际的情况是：如果使用得当的话，对话策略要求，或者说强迫学生思维，而不只是允许学生思维。第二，在对话策略中，教师和学生一起思维，扮演了一个最佳典范，向学生亲身示范他们应该做什么，也就是让学生进行批评性的思维。

我们不赞成在教学里只运用一种策略。一方面，学生需要接触多种策略，这样才能形成多种技能。例如，如果学生从来没有接触过对话策略，他们也会回避那种需要思维的讨论，这样他们的思维能力就无法得到发展。而且，不管你用的是讨论还是照本宣科，只用一种策略会令学生感到厌倦。

过分强调一种策略，把其他策略排除在外会削弱教学的效果，多种策略交替使用则要好得多。即使教师运用的是照本宣科策略，如果想找出哪些地方需要深入讲解，也需要问一些以事实为基础的问题。即使在非常适合使用对话策略的情境下，教师也需要用其他策略，适时地启发学生、引导学生和澄清疑难。古希腊大哲学家、教育家苏格拉底曾经说过：没有一种方式，比师生之间的对话更能提高沟通能力，更能启发思维技能。

[以上案例及观点分析自斯腾伯格的《思维教学——培养聪明的学习者》（赵海燕译，中国轻工业出版社，2008年1月第1版）摘录整理]

【我的感悟思考】

给课堂更多的意想不到

古人对于"学"的解释就一个"觉"字。学习是心灵的觉悟，精神的觉醒。教学则是唤醒人的内在一点灵明，由此彻悟人事物理，求达学问之途。这就意味着教学不能等同于医生的"输液"，不能等同于储户的储蓄，不能等同于工人的"搬运"，否则，就是生搬硬套、牵强附会，任你怎样绞尽脑汁地说理与灌输，都无法进入学习者的精神领域与心灵世界。学生们所获得的是一时半刻间留下的片言只语，可能转瞬即逝。道理常常是抽象、概括、高度浓缩的，仅仅靠平铺直叙的说教则给人感觉是淡乎无味的，甚至败坏人的兴味。真正深刻的教育不在于传授给学生多少知识，而在于如何"荡其心，启其思，开其悟"。这就需要教师从平铺直叙的"告诉"中超越而出，让学生在经历思与智曲折环绕间"聪明花恍然绽开"。

一、 教育教学是师生与"真理"或"伟大的事物"之间一场充满智慧的"捉迷藏"

"教学相长"的教育规律内在地包含着"教学相乐"的意味。教学的快乐就在于师生之间智慧的互启与思想的互助。尤其重要的是，教师要以自己别出心裁的运思逗开学习者的"聪明花"！对此，闻一多先生可谓是深谙其道。有一次，闻一多先生给学生上课，他走上讲台，先在黑板上写了一道算术题：2＋5＝？然后，闻一多先生问道："大家谁知道二加五等于多少？"学生们有点疑惑不解地回答："等于七嘛！"闻先生说："不错，在数学领域里，2＋5＝7，这是天经地义的。但是，在艺术领域里，2＋5＝10000也是可能的。"说到这里，他拿出一幅题为"万里驰骋"的国画给学生们欣赏。只见画面上突出地画了两匹奔马，在这两匹奔马后面又错落有致、大小不一地画了五匹马，这五匹马后面便是许多影影绰绰的黑点点了。闻先生指着画说："从整个画面的形象看，只有前后七匹马，然而，凡是看过这幅画的人，都会感到这里有万马奔腾，这难道不是2＋5＝10000吗？"闻一多先生非常巧妙地借用简单的算式，化抽象为形象，化道理为事实，化无形为可见，让人在恍然大悟中深刻领悟了"艺术思维与科学思维的区别"以及"艺术想象思维的妙用"这些道理。

　　我们一直在苦苦追寻：日常课堂生活为什么总显得平淡无味，甚至荡不起一丝半毫的波纹？细细寻绎，可以归咎于诸多因素。而，在我看来，失却思维的挑战、没有思想的创发、没有思考的乐趣，这是课堂教学生活缺乏生动性与趣味性的根本原因。学生对教师的一言一行太熟悉了，有时教师说了上一句话，学生就明白了下一句话，乃至于他们对教师的教学指令、教学任务安排都烂熟于胸，毫无新鲜感，毫无新奇感。也许，熟悉的地方无风景！尤其，致命之处就是一些教师误解了"本色教学""简单教学"的意义，上课之前没有精心设计，或者在教学设计时更多的是考虑教学任务的完成，对于学生的情感反应、思维反应几乎很少去预想。这就造成了课堂教学生活没有一波三折的曲折神秘，没有波澜起伏的丰富生动，没有匠心独运的创思与妙趣横生……课堂生活原本是一种充满激情的心灵的探险，充满求知的快乐，充满探索的好奇，充满心智的交锋。然而，在许多课堂中，我们看到的是思维的疲沓，精神的疲软，生命的疲乏。

二、课堂教学要给孩子更多的出乎意料，更多知识探险过程的期待、紧张、疑惑、释放、敞开，只有这样才能创造出丰盈、充沛，富于张力与引力的课堂生活

"'课'似看山不喜平"，教师在课堂生活中重要的使命就在于通过设置情境或问题来"投石"，以激起学生思维的光波，从而达到"投石击破万重天"。没有豁人耳目、开人心眼的冲击，课堂生活就永远是平庸的制造厂。学生进入课堂总是一副漠然与无动于衷，而不是欣然不已、振奋不已。颜回对孔子的教学方式的感慨是"瞻焉在前，忽焉在后""仰之弥高，钻之弥坚"……正是孔子的相机而导、顺势点拨而又出人意料的高超的教育教学艺术才令学生们为之叹服，为之景从。教师的教育教学思维不能过于简单刻板，更不能让学生们一眼望穿。教师教学的神秘、神奇，是吸引学生深入学习的不可估量的力量。但这不是说，我们教师要故弄玄虚，故作高深，让人觉得如"神龙见首不见尾"。而是说，教育教学一定要有让人值得回味的情节、细节、故事。

1. 教师的精心设计，可以让课堂生活更有深刻意味与心灵感召力。教师的设计要匠心独运，不能平淡无奇，否则就是教学的浪费。如果没有一些悬念，一些期待，课堂教学一览无余，课堂生活就很难给学生带来一丝一毫的惊奇、惊讶、惊叹、惊异和惊喜。在某种意义上讲，教学即创作。创作就不能平淡无奇，而是要呈现出多姿多彩的状态。这时，教师要充分发挥自己的聪明才智，基于对学生知识、能力、经验充分体认的基础上，善于出新，巧思妙引，构造具有创意的教学设计。

教学设计确实是一种巧妙的艺术，它需要高度的灵敏与智慧。它的生命就在于推陈出新，出奇制胜，以新求活，以新求精。当然，它的创新不是为了哗众取宠、追奇猎异，而是与师生的生命节奏相应相和的。如王羲之在诗中所云，"万籁皆参差，适我无非新"。"新"要新得适时、适当、适度、适合。

2. 教师要营创充满新鲜感的、富有思维挑战性和心灵感染力的课堂，除了有别开生面的教学构思与想象力之外，还应该秉持一种对学生自由言说、自由思想的宽容与鼓励。在新课程教学理念的倡导与教学改革实践的推动下，课堂教学有所改善，但毋庸讳言，日常的大部分课堂依然是控制式的教学。教师仍然是"以教为中心"，其指向就是支配、控制学生。在教学方式上是将教师的一种指导方法强加给几十名个性不同、水平各异的学生。学生只能亦步亦趋地跟随着教师学。在时间上步调一致，在方法及要求上整齐划一，缺乏因材施教的教学思想。课堂上以过多、过严的纪律来压制学生，过分地强调教师的权威地位，在学习过程中学生的思维方式也要顺着教师指定的轨迹行走，不能另辟蹊径，否则就会被视为另类，并被打入另册。学生必须对教师言听计从，很少有学生对教师的教学与观点提出质疑。学习过程本应是一种学生不断发现、探索、验证、体验、感悟并全身心融入的智力生活，却被减缩成死记硬背固定的结论，减缩成机械重复的习题操练。知识的来龙去脉，问题如何提出、思维过程如何演绎、结论如何获得，都是由教师嚼碎后喂给学生的。课堂教学"去问题、去情趣、去思想"，学生看似学会，但永远学得不真、学得不深、学得不固。学生无法体验到求知过程中思想的艰难与快乐，无法领悟到智力劳动的神圣与迷醉，也就无法体证到生命如何在知识中更丰厚，知识如何在生命中更灵动。学生自由思想的萌芽被扼杀，学生的个性被不断地修剪，他们多数被改造成千人一面的"标准件"。

课堂是圈养学生的智慧还是牧养学生的灵性？课堂是对教育教学预设的规行矩步，还是对学生的具体学习过程顺势而导？答案是不言而喻的。美国著名教育学家布卢姆指出，"人们无法预料教学所产生的成果的全部范围。因为没有预料不到的成果，教学也就不成为一种艺术了"。只有课堂的开放才有学习的解放，也才有生命的释放与心灵的敞放。

　　福州的陈弋老师在上骆宾王的《咏鹅》时，有这样的一个教学片段让人难以忘怀。她在学生充分感知与理解这首诗的基础上，播放了《四小天鹅曲》，让学生闭上眼睛欣赏，接着请学生来说说他们想象到什么。学生大都说好像看到了小天鹅在跳舞……其后，她又放映了小天鹅跳舞的动画，四小天鹅跳的舞姿多么优美，孩子们都陶醉了。不料，有位孩子举手提问道："老师，那《咏鹅》这首诗中到底有几只鹅呢？"这么一问，让上课及听课的教师都出乎意料。怎么回答呢？陈老师稍皱起眉，微笑着说："对啊，老师怎么没想到呢？请大家想想这首诗中到底有几只鹅呢？"一个孩子说："老师，诗中有三只鹅，你看里面讲'鹅，鹅，鹅'，有三个'鹅'字呢！"教师一听说："不错，一数好像是三只啊！"一个孩子说："是一只鹅，里面的'鹅，鹅，鹅'是一只鹅在叫，是象声词。"老师说："嗯，有点道理啊！"另一个孩子则说："有许多鹅啊，'鹅，鹅，鹅，曲项向天歌'是许多小朋友看到很多鹅，纷纷惊奇地喊起来'鹅鹅鹅'！"还有的同学则认为，看不出几只鹅，可能是一只，也可能是三只，也可能是许多只……

　　如果，陈老师面对课堂教学中学生半路杀出的"程咬金"，当即封杀，那么，我们就无法领略到如此丰富多彩的想象力，也无法欣赏到孩子们千姿百态、千红万紫的感悟。语文教学尤其应凸显孩子们的创造力阅读。福建师范大学的教授潘新和先生提出，"误读就是一种创造"。我们一定要养护孩子的言语的初感与直感，培植他们独特的言语表现力与创造力。著名的美学家、文艺理论家朱光潜先生认为："一首诗做成之后，不是就变成个个读者的产业，使他可以坐享其成。它也好比一片自然风景，观赏者要拿自己的想象和情趣来交接它，才能有所得。他所得的深浅和他自己的想象与情趣成正比例。读诗就是再做诗，一首诗的生命不是作者一个人所能维持住，也要读者帮忙才行。读者的想象和情感是生生不息的，一首诗的生命也就是生生不息的，它并非一成不变的。一切艺术作品都是如此，没有创造就不能有欣赏。"课堂教学也应如解读诗歌一般开放，任学生的思维自由驰骋，任学生的情智无拘无束地涌流……

九、马克斯·范梅南

马克斯·范梅南（Max van Manen），加拿大阿尔伯塔大学教育学教授，世界著名教育学专家、教育哲学家、课程论专家和人文科学研究方法论专家，"现象学教育学"的开创者之一。

追求教育性理解

——马克斯·范梅南的课堂评议（一）

【教育家的课堂观察】

特拉韦斯是一个聪明的学生和了不起的辩论能手。在辩论协会的教练眼里，他是不会出错的，因为他是校队的明星。社会研究课的教师也意识到了特拉韦斯的雄辩才干。在课堂讨论中，当大家在讨论历史的或当代的问题时，特拉韦斯抨击所有可能的议题，不论谁发表什么意见，他都试图引发观点的冲突，并引以为乐。一方面，社会研究课的老师不得不钦佩特拉韦斯的口才。特拉韦斯在课堂上的积极参与常常使课堂气氛十分活跃。不管什么话题，你总是可以叫特拉韦斯发表一番振振有词的议论。他能够对议题从正面进行滔滔不绝的且很有说服力的辩驳，从反面辩驳也同样一点也不逊色。他总是从对立面来辩论。老师和班上的同学们都逐渐了解了他。于是，经常，当他对老师或同学的观点提出挑战时，老师和同学就会笑着说："瞧，你又来了，特拉韦斯！"另一方面，老师不禁怀疑，特拉韦斯是否有真正的责任感。特拉韦斯总是喜欢挑起辩论，但令人惊奇的是，不论议题的社会或人类适切性如何，他总是对任何事业中的个人责任无动于衷。相反，他似乎是因为辩论和辩论给他带来的胜利感而喜欢辩论。他自嘲地称自己是"不受道德约束的，高于一切道德的，只要自己快乐就行"。这使老师感到不解：特拉韦斯喜爱辩论是不是只是一个孩子想让人注意自己呢？是不是他有一种不断证明自己高人一筹的欲望呢？抑或是他已经变得对生活愤世嫉俗，因而对任何事情都不相信了呢？

今天，老师感到很吃惊，因为班里的一个同学，罗纳妮，一语击中了这一点。班上正在讨论"安乐死的道德问题"，她打断特拉韦斯的话，问道："可是，特拉韦斯，你自己究竟相信什么？我怎么可以尊敬一个轻易地每天都改变自己观点的人呢？"自然，特拉韦斯迅即地回答说："我们不是在讨论我个人值不值得尊敬的问题，而是在讨论我的观点的合理性问题。"罗纳妮摇了摇脑袋，嘟哝了一句类似"多么愚蠢"之类的话。这时，老师插了进来，说："我们的辩论就到这儿为止，现在我们每个人各自就我们刚才讨论的题目写一篇短文。注意，你们不要去争辩某个具体的观点，我的要求是你们针对安乐死这一人类现象阐述你自己对这个问题的意义的回答。不要写别人或某个具体政策，要写出假如安乐死牵涉到你自己的父母或某个你非常爱的人，它对你的适切性。"老师迫使学生从将一个话题作为训练辩论技巧的课堂讨论转移开来，变成这样一种情景：每个学生，包括特拉韦斯在内，必须对自己持有的观点表现出一些责任感。当然，老师的经验是，绝大多数的高中年龄的孩子在大多数的课堂讨论中都是带有情感的。但特拉韦斯不是这样。在生活中，愤世嫉俗往往表现在成人身上。但是，老师意识到特拉韦斯的突出技巧对形成自身的责任心和义务感的这种尚未确定的价值。

从特拉韦斯的文章中，老师可能会获得一些对特拉韦斯和他的父母的关系方面的更深的理解。老师已经知道特拉韦斯来自一个富裕的家庭环境，他有许多物质方面的优越性。他又是家中唯一的孩子，父母亲的工作都很忙，没有多少时间与特拉韦斯待在一起。对此，老师的任务就是要运用他对特拉韦斯的教育性理解，帮助特拉韦斯将其学术方面的成就融入到一个成熟的和具有社会责任感的自我中来。

【教育家的观点】

教育学就是迷恋他人成长的学问。教师的含义就是他们必须不断地提醒自己留意自己与孩子之间的"替代父母"的关系。专业教育者必须尽可能协助儿童的父母完成其主要的育人责任。……专业教育工作者需要对"替代父母关系"所牵涉的内容进行更深刻的反思,教学的本质和做父母有着深层的联系。成人和儿童间只有某一种影响是出于向善的、为儿童好的动机——也就是说,这种动机具有教育学意向。

在儿童这里,成长和学习与其说是自身转变还不如说是形成自我的过程。儿童是正在成长中的人。自我的成长与儿童生活世界的特殊性是紧密相联的。……儿童还未与世界形成一种复杂的关系。儿童会形成什么样的理解、习惯、世界观、忍耐和非忍耐、看法、情绪、感情、道德观和气质,还是个未知数。……正是这种自我发展的可能性问题里教育学找到了它的真正含义。我们希望他们获得正确的生活态度、批判的精神、基本的诚实和道德观念。因为我们关心孩子走向成人的成熟,所以我们将对孩子的发展希望转换成可实现的目标和期望。教育学意向的概念表达了大人希望孩子生活顺利的愿望。

希腊教育学最初的思想将教育学与"引路"的意义联系起来——陪伴孩子并与他们一道生活,以便为孩子指引方向和关心他们。这种给孩子提供一种方向感的教育学的要求又引出了对成人的另外一个要求,即他或她应当持续地在学校或家中与孩子生活在一起时负责对他们作出指导,指明善良和恰当的价值取向与信念。

教师的教育敏锐性则是典型的教育性理解。教师能够聆听和感知年轻人的知识、情感和道德发展的状态。教育性理解是基于对孩子如何体验课程的理解,基于对孩子学习过程中长处和短处所进行的评价。教师需要知道对儿童现有的能力和潜在的能力如何作出评价。但是,仅对儿童的教育状态进行诊断和评价是不够的。只有在指向领悟儿童在生活的发展过程中成为一个受教育的人的真正意义时，教育性理解才真正成为教育学意义上的理解。因此，教育性理解必须要超越仅仅对儿童所具有的和所缺乏的知识进行诊断和评估。从学术上说，它还必须能够对儿童的学习成绩，以及他或她的社交和情感发展中的优势和弱点作出评估。

教育学的行动和反思就在于不断地识别对于某个具体的孩子或一群孩子来说什么是好的、恰当的，什么是不好的、不恰当的。换句话说，教育生活是一个不断地进行阐释性思考和行动的实践——这既是对于成人来说，同时也是对于孩子们而言的。孩子们持续地理解自己的生活，不断地形成对成长在这个世界上的意义的理解。当然，这并不是暗示我们所说的和所做的每一件事都使我们处在一种道德抉择的情境中。但这的确是指我们和孩子的生活是指向一个方向的。而且，作为成人，我们在我们对孩子们的影响的合理性和善良性方面是要承担责任的。

有一个寓意深刻的教学比喻说，为了来学校学习新知识，学生需要跨过一些障碍（比如说，一条街）才能来到教师的身边（学校）。许多教师简单地期望学生能自己走到教师的身旁，他们只顾在讲台上讲解，并且认为学生理不理解那是学生的事，如果没理解，那就是笨！他们没有想到，学生在行进的过程中可能会遇到困难，可能不知道怎样才能跨过障碍来到教师的身边。

一位机智的教育者应该认识到跨过街道走过来的不是孩子，而是教师。教师必须知道"孩子此刻在哪儿"，"孩子是怎样观察事物的"，这个学生从他本身的角度遇到了什么样的困难，因而不能跨过街道走进学习的领域。教师应该站在孩子的身边，帮助孩子认识要跨过的地方，为孩子寻找有效的方式帮助孩子顺利地走到另一边来，走到这个另外的世界中来。在这种行动中确实包含了教育的意义，"引入"到这个世界上来，一个增强了意识、提高了责任感和理解力、茁壮成长的世界中来。

抚养孩子和教学均来自同样的教育学最基本的经验：保护和教导年轻一代如何生活，学会为自己、为他人和为世界的延续和幸福承担责任的这一神圣的人类职责。教育学的健康性是一种使命感，一种对孩子的爱和关怀，一种强烈的责任感和危机盛行时的积极希望，一种反思的成熟，一种基于聆听和"看"孩子的能力的教育学理解，一种对年轻一代的信任和同情的态度。

［以上案例与观点分析自《教学机智——教育智慧的意蕴》（马克斯·范梅南著，李树英译，教育科学出版社，2001年6月第1版）摘录整理］

【我的感悟思考】

价值的守望

在任何一种教育情境中，我们要持有敏感的价值判断力，以海纳百川、兼收并蓄的态度来体会其中积极的价值取向的无限可能性，并善加保护与培育。而在事关价值的正确性原则上，我们更要坚守立场，善为化海。知识、能力、方法、思维、情感、态度应该与社会普适价值合而为一，浑然一体。如果知识、能力、方法、思维、情感、态度与价值发生矛盾、产生抵触之际，我们无法用生命价值来涵照知识等上述的诸多要素，生命就会发生畸变、扭曲、偏执。

我了悟了价值敏感与导引的最为困难与关键就在于教师内心深处是否有清晰明朗的价值维度。早在古希腊，柏拉图就提出，教育只是一种"灵魂转向的技巧"，"一种使灵魂尽可能容易尽可能有效地转向的技巧"。这种"技巧"，"不是要在灵魂中创造视力，而肯定灵魂本身就有视力，但认为它不能正确把握方向，或不是在看该看的方向，因而想方设法努力使它转向"。教师能不能恰如其分、恰到好处地引导学生灵魂的转向，首先在于教师有没有灵魂，其方向是否正确与坚定。其次在于教师引导的方法与技巧。而在纷繁复杂、光怪陆离的社会生活中，教师常常也是身不由己、心不由己地迷失了自己与方向。我们怎能企求置身于迷茫与模糊之际徘徊的教师能够如此迅捷、如此正确地确立人生的风向标并为学生导航？于是，教师在芸芸众生、漫漫人海中，注定不能随波逐流、与世沉浮。他必须拥有一颗清明的心，一种超物质的价值判断，一种明朗的人生追求。这并非在排斥教师多样化的人生追求、多元化的价值生活。但，当他面对课堂、面对学生，他要有明确的主流价值意识及正面价值意识，这是作为教育者的道德底线与伦理要求。道德教育需要教育的道德。坚持普遍的道德引导，这是任何一名普通的教师必备的教育道德。面对学生，我们就需要旗帜鲜明地坚持正面价值与方向，否则，就是对教育天职的背弃与亵渎。《教育财富蕴藏其中》一书提出，教师要和学生建立一种新的关系，从"独奏者"的角色过渡到"伴奏者"的角色，从此不再主要是传授知识，而是帮助学生去发现、组织、管理知识，引导他们而非塑造他们。但在那些指引终生的基本价值方面，则始终要有极大的坚定性。

在课堂教学中学生的主体性与教师的主导地位之间的矛盾如何平衡呢？学生主体并不是意味着教师可以放任自流，可以让学生纵入歧途，迷不知返。假若不深刻地洞悉这些，我们的课堂教学生活就会存在着诸多像日本学者佐藤学先生所谓的"虚假的主体性神话"，看似自由自主，实则自生自灭。缺乏教师高瞻远瞩的引导，学生们自由学习的精神与实质都可能如镜花水月，看起来很美，实际上是可望不可即。

在孩子们价值取向混乱喧杂节外生枝之时，教师不能模棱两可，必须有转迷为悟的手法。作为教育生活价值的守望者，如塞林格所描述的："有那么一群小孩子在一大块麦田里做游戏。几千几万个小孩子，附近没有一个人——没有一个大人，我是说——除了我。我呢，就在那混账的悬崖边。我的职务是在那儿守望，要是有哪个孩子往悬崖边奔来，我就把他捉住——我是说孩子们都在狂奔，也不知道自己是在往哪儿跑。我得从什么地方出来，把他们捉住。我整天就干这样的事。我只想当个麦田里的守望者。"教育中的任何一种失衡，都可能导引孩子的人性变得庸俗、畸形、僵化，并走向万劫不复的沉沦。教师应该是学生成长过程中各方面价值平衡与追求的守望者。

价值引导的正确性其意义正如法国的涂尔干在《教育社会学》一书中所说的：教师是他的时代和他的国家伟大道德观念的代言人，教师决不能用传授他个人的价值观和信仰来扰乱社会，因为这样会把他的民族变为互相冲突的、分崩离析的乌合之众。如果教师无法引导学生澄清正负价值，反而偏听偏信；无法唤醒学生对于普适价值内在的热爱与激情，反而让他们偏执于谬误；无法通过课堂教学感发学生以恳挚笃诚来践履正面价值，反而津津乐道于旁门左道……那么，我们的价值引导不但应该引起警醒和叩问，更应该重造。

教育智慧的意蕴

——马克斯·范梅南的课堂评议（二）

【教育家的课堂观察】

案例1 在其他同学面前演示一个十年级的科学实验的结果时，考瑞完全失去了他的潇洒和信心。现在他感到十分的尴尬，简直就希望能钻到地底下去，这样他就永远也不要见到他的同学们了。孩子们注意到了他内心的斗争，有些开始窃笑，而其他同学则为考瑞感到尴尬，于是假装不去注意。这使得情形变得更糟。考瑞僵立在那儿，脸上抽搐着。那种安静变得让人无法忍受。就在这个时候，教师打破了这种尴尬，递给考瑞一支粉笔，并问他是否能用两三个要点将主要的结果弄出来。考瑞这时有了一个机会转过身去，镇静一下自己，不面对其他孩子。同时，教师向班上做了一些评论，以帮助考瑞回忆和梳理结果。结果，考瑞的实验结果陈述做得还不错，教师最后说："谢谢你，考瑞。你刚才经历了一个很艰难的时刻，我们都经历过类似这样的时刻。你做得很好。"考瑞的老师所做的是让一个可怕的、尴尬的经历变得可以承受。通过她的机智的干预，她使得考瑞的体验要轻松些，可以承受。虽然这是一个考瑞不会觉得自豪的尴尬时刻，但他还是可以挺过去的。教师闯进来挽救局面，而不是取消考瑞作为陈述者的地位（比如，建议他坐下来），她实际上帮助挽救了考瑞的空间，使他能够恢复对局面的控制。在闯进情境之后，她又迅速地撤了出来，让考瑞自己去处理。

案例2 体育老师带孩子们去游泳，多数孩子都玩得很开心。有时老师帮助孩子改进划水的动作。他看到了斯蒂芬，一个不错的游泳者，站在跳水板上。斯蒂芬站在那儿好长一段时间了，他在判断到水池表面的距离。他渴望像他的一些朋友一样，勇敢地跳下去。可是，他就是克服不了恐惧。他的朋友们叫他跳下来，一起玩水中捉迷藏的游戏。但是，斯蒂芬摇了摇脑袋，假装说他更喜欢在跳板上。"等一会儿！我在休息！"最后，斯蒂芬在没有人注意的时候，从跳板的侧面爬了下来，跳到水中加入了大家的游戏。老师将斯蒂芬的内心矛盾看在眼里，觉得直接去干预，公开地鼓励斯蒂芬战胜恐惧，会引起其他同学的注意，这不恰当。后来，他找到了一个不引人注目的机会给斯蒂芬指点了一两下，帮助他做了第一次跳水。在游泳快结束之前，斯蒂芬有一次勇敢地爬到了跳板上，自己朝下跳了下去。随后，他又跳了几次。斯蒂芬显然对他新获得的勇气和技巧感到非常高兴。老师注意到这点，对他大加赞扬："做得好，斯蒂芬！我很喜欢你在跳水时四肢伸直的样子。"

【教育家的观点】

教育机智是一种教育学上的机智和天赋，它使教育者有可能将一个没有成效的、没有希望的甚至有危害的情境转换成一个从教育意义上说积极的事件。我们把机智说成是瞬间知道该怎么做，一种与他人相处的临场智慧和才艺。展现机智的人似乎都具有在复杂而微妙的情境中迅速地、十分有把握地和恰当地行动的能力。

教育机智来自同情性理解。同情性理解要高于移情。表现出移情暗示我们将我们的思想和生活的某些部分移入另外一个人的身体之中，我们感到我们自己进入了孩子的体验之中，而不一定为它所动。……比较而言，同情与其说是我们设身处地地生活在对方的世界中，还不如说对方已经生活在我们的内心世界中。我们认识到对方的经历是一种人的可能的经历——因而也是我们自己可能的体验。但是要将我们的大脑和心灵向对方的内心生活打开，我们必须以爱护和关心为中心。爱不是盲目的，纵使我们以他人看待他人。因此，教育学的同情心爱护地指向儿童的内心世界，在其中不会将自己与孩子的自我混淆。简言之，同情心在教育学意义上指的是成人从关心的意义上"理解"儿童或年轻人的情境。因此，从这个意义上说，教育学的理解也是一种投入式的理解。

教师需要给孩子提供什么样的安全感呢？好的学校与家庭具有同样的特点，如某种亲密感和安全感。学校在亲密家庭和社区之间，以及有些冒险的外面世界之间提供了一种中间的、过渡性的阶段。在一个使人感受到这样安全感的教育环境中，学生学得最好，愿意冒险。机智的行动是充满智慧的、全身心投入的。……富有机智从一般意义上说意味着我们尊敬对方的尊严和主体性，而且我们试图对他人的智力和情感生活保持开放和敏感，不论对方是年轻人还是老人。

教育机智就是分寸感与尺度感。一个富有机智的人表现得具有良好的分寸感和尺度感，因而能够本能地知道应该进入情境多深和在具体的情境中保持多大的距离。最后，机智还有道德直觉的特点。一个富有机智的人似乎能感受到什么才是最恰当的行动。

机智表现为克制。有些时候，最好的行动就是不采取行动。机智也包含一种这样的敏感性，知道什么该随其自然、什么该保持沉默、何时不介入、何时"不注意"什么。克制的一种特别之处在于忍耐，能够沉着平静地等待。确实，耐心一直被描述为每一个教师和父母应该具有的美德。耐心能够让教育者将孩子与其成长和学习所需的时间协调起来。当期望和目标被确定在一个恰当的层次上，耐心就会使得我们在期望和目标尚没有完成，尚需要多时日或需要尝试其他的办法的时候，不着急，不放弃努力……

一个机智的教育者能够分辨出孩子身上那些积极的但可能起初却是孩子的弱点的品质。机智决不粗暴地或轻率地对待这样的情境，相反，机智要求成人以"看见了却不去注意它"或"分享秘密"的方式来对待这样的情境，回避这样的情境。成人常常很难做到这一点。……孩子的无助和相对的柔弱使得成人更加感到温柔和心软。我们可以说，孩子的柔弱和脆弱让成人也变得柔弱起来，并且呼唤成人对孩子负起责任来。……从某个方式上看，孩子的无力和脆弱使他从成人那里奇怪地独立出来。孩子向成人发出的呼唤阻止了后者滥用权力。因此，滥用权力的成人遭受到了道德上的失败。

何时克制自己，何时忽略什么事，何时该等待，何时"不去注意"某件事，何时后退几步，而不去干预、干扰、打断别人的工作，成人对于这些机智的领会对孩子的发展来说是一个十分珍贵的礼物。

机智将破碎的东西变成整体，机智使伤口愈合。"在人们的生活当中，特别是在孩子的生活当中，事情不断地破碎或遭遇到破碎的危险。正是在这种特别的情况下，机智发挥着它该发挥的作用。机智努力使事情不至于破碎，并且试图将破碎的恢复起来。"

教育学则是一种机智的调和艺术，它调和了这个世界的各种可能的影响，以便让孩子能不断受到鼓舞和激励去承担个人学习和成长的自我责任。教学就是对有影响力的事物施加影响。教师充分地、从教育学的角度利用这个世界的影响来机智地对孩子施加影响。

[以上案例与观点分析自《教学机智——教育智慧的意蕴》（马克斯·范梅南著，李树英译，教育科学出版社，2001年6月第1版）摘录整理]

【我的感悟思考】

慈心生慧眼，慧心生风景

课堂教学如一汪碧海，有波诡云谲的瑰奇，有精微渊深的沉奥，有静影沉璧、渔歌互答的安详与快慰，也有浪花朵朵、白鸥点点的浪漫……富有才华的教师任是在怎么样的教育教学场景中，总能游刃有余地创生相得相宜的旖旎风光，不管是阳光明媚还是阴霾四结，在他们的心灵手巧的导引下总能臻达"水光潋滟晴方好，山色空蒙雨亦奇"的境地。

在困境重重、险象环生之际，他们或行不言之教，化干戈为玉帛；或妙语解人，一语道破迷中迷……在学生思路不畅之时，教师或静观默察，或一提一顿，令人在千曲百回的思悟中迎受豁然开朗的心智的欢欣。具有智慧的教师在课堂中挥洒自在、运转自如，于谈笑风生间引领学生出经入典……在人声鼎沸、众口喧哗之时，聪慧的教师便可化散为聚，化动为静，让学生们沉入思想的深层空间，呼吸自由的精神与生命。真实的课堂教学似一涧活水，而教学机智是活水源头，只有顺势而流，随物赋形，才有水光山色。

教学机智就是小心翼翼、恰到好处地持守人性的尊严、自由的尺度、探索的勇气、生命的襟怀等重要的课堂价值与使命。

一、 指向保护学生的"脆弱"

在我的理解视野所及，课堂应该是一个保护学生人格尊严，养护其心灵尊严的场所。在充满敏感的同情的理解中植立学生的人生最初的、最坚实的自信心与信任感。有位诗人这样写道，哪里有爱哪里就是你的家，哪里有尊严哪里就是你的归宿，哪里有祝福哪里就有幸福，哪里有鼓励哪里就是你的起点。课堂留给学生最美好的意象就是这种家的温馨、归宿的安全感、幸福的体验、起点的期待……

机智的内在根源就是爱的责任与使命，它几乎与宽容、关爱、温暖等是同义词。在我看来，机智的"机"不是机外藏机、机关算尽，机心四设、心机深沉，甚至杀机重重之类的含藏与浓缩，它更多的是表明一种随机应变、机不可失等语义的延伸与辐射。它意味着，当具体的人在尴尬的时刻，他的心灵被层层阴影所围裹、所袭击，需要一种闪电式的透明的彻悟导引生命走出困难，如果失却了这珍贵的一刻间的行动，那么，心灵可能因此而受损残伤。

美国通用电气公司首席执行官杰克·韦尔奇在他的自传中说，他的成功也许要归功于其英格兰籍的母亲。因为小时候有口吃，韦尔奇经常受到小朋友们的讥嘲而非常自卑，但他的母亲对他说："孩子，这是因为你的嘴巴无法跟上你聪明的脑袋。"他认为，这是迄今为止他听到过的最妙的一句话。这位伟大的母亲就是明察人的"不完善、不完整、不完美"，同时，她以坚信人的"完善、完整、完美"的可能性来护荫一个孩子的脆弱。

这样的一则教学故事也许会让我们的心更为柔软，它告诉我们教育的真谛就在于宽容、理解、尊重"人性的弱点"，而这种宽容理解尊重的背后就是催生学生心灵的觉醒。北大附中副校长程翔在批改学生作文时，一篇题为"一块手帕"的文章深深吸引了他,他便当作范文在班上进行评价。"这篇文章是抄来的!"程老师刚读完这篇作文,一个学生举起手大声地说。他的话音刚落,全班哗然,大家议论纷纷,目光齐刷刷地扫向那个抄袭的同学,她满脸绯红地低下了头。面对这突然的变故,程老师停顿了一下,转过话头问大家:"同学们,这篇文章写得好不好?""好是好,可是……""我问的是这篇文章写得好不好,不管其他。""太好了!""那就请同学们谈谈这篇文章好在哪里,请发言的同学到讲台上来说。"结果,有八位学生发言,大家高度评价了这篇文章。程老师接着说:"同学们,这样好的文章,我以前读得不多,可能大家读得也不多,以后多给同学们推荐一些优秀的文章,在班上宣读,你们以为如何?""太好了。""那么,对今天第一个给我们推荐优秀文章的同学大家说应该怎么办?""谢谢!""非常感谢!"此时,学生对教师的用意已心领神会。"从今天开始,每周推荐一篇优秀作文,全班同学轮流推荐。可以拿原文来读,也可以写到自己的作文本上。不过别忘记注明原作者和出处。"学生们会心地笑了,那个抄袭作文的学生也舒心地笑了。这里的笑,不是一笑了之,更多的是笑后的深思,在含笑中与过去的错误告别。我想经过这一事件之后,这位学生以后不会再"抄袭"了。

面对"抄袭"这一教学困境,是单刀直入、直截了当地批评这位学生的"失范",还是迂回曲折、别出心裁地导引?孩子的心灵总是比较脆弱,容易受到伤害并且受伤的心灵还不易愈合。程校长的做法,不仅保全了一个孩子的"面子",既不伤害孩子的自尊心,又能让她认识到自己的错处,而且还给全班学生上了一堂生动的宽容课。

二、 指向对课堂干扰的化解

苏联著名的教育家巴班斯基指出,教育劳动的一个典型特点是它不允许有千篇一律的现象。按部就班,一成不变地沿着固定的设计行进,课堂就会显得沉闷与单调。课堂的丰富性就是来自于不断地生成,不断地调整，不断地变化。尤其是要追随着学生的心理状态与生命的节奏，来构造课堂生活，只有这样才能使水波不兴的课堂鼓荡起美好的涟漪。我们的教师常常一厢情愿地把教学预设得十全十美、天衣无缝，可是进入真实的教学环节时，假如教师不随机应变，不应时而动，那么课堂就会举步维艰，就可能窒息了教师与学生彼此的创意与活力。

　　杨美莲老师在她的教后记中写了这样一个教学片段，对我们理解教学机智有一定的借鉴意义。她写道：在教《麻雀》这一课时，当我一进教室，就忽而传来狗的叫声，我一震，真以为是谁带狗进教室了。我扫视了全班同学，这时班长站起来说："老师，是洪智宇捣鬼！"洪智宇可是我们班的调皮鬼，也不肯认真学习，我看了他一眼，他涨红了脸，低着头，而全班同学好像都在等着看好戏呢。我故意清了清嗓子，笑嘻嘻地说："看来昨天洪智宇同学预习新课可认真了！这狗来啦，而麻雀见到了，又会怎么叫呢？我们请他再来表演一下口技好吗？"学生听后都乐了，连忙鼓起掌来。而洪智宇呢，这时更显得有些不好意思了。在我和同学的鼓励下，他真的又叫了起来，可真惟妙惟肖呀！"真棒啊！"我由衷地称赞。于是丢掉了原先设计好的导语，就在他的模仿声中开始了这堂课的教学。这节课上得也真是有声有色，在课堂结束时，我微笑地问："同学们，这节课上得轻松吗？我们该感谢谁？"学生先是一愣，后都异口同声地说："洪智宇！"从没被同学称赞过的洪智宇不好意思地挠了挠头，笑了。我也向他投去赏识的目光⋯⋯

　　课堂教学时时都会有无法预料的不和谐因子。遭遇学生的"滋生事端"，许多教师会觉得措手不及，情急之下，轻则批评教育，重则连呵带斥。于是，课堂气氛便为之一变，甚至有可能被训的学生一时冲动再另生枝节，正常的教学活动便因之受阻。怎么处理这类棘手的"意外"，值得深思。杨老师善于在学生的"调皮捣蛋"中挖掘与课堂教学内容相关的因素，让教学化险为夷，转乱为活，的确是以灵心慧眼来促进课堂有效精彩生成！

什么是教学机智的生成？按马克斯·范梅南的说法是，对意想不到的情境进行出乎意料的重新塑造。这塑造是以指向学生的兴趣、愿望、需要与发展为中心的。这种塑造使意想不到的"突发事件"具有独特的教育价值。

此时无声胜有声

——马克斯·范梅南的课堂评议（三）

【教育家的课堂观察】

案例1　一个初中教师告诉他的八年级的学生们："我这有一个非常好的故事，叫做《千纸鹤》。我想与大家分享这个故事，以此来纪念'死难将士纪念日'（每年的11月11日，加拿大联邦假日。在这一天，全国举行为纪念在第二次世界大战中死难的将士的各类活动）。在这个纪念日时，我们缅怀那些由于人类的冲突和战争而丧失了生命的人们。"教师很快地把故事的背景介绍了一下。它讲的是二战的余悸。原子弹迫使日本结束了战争，但是人们至今仍因为二战的余波而死去。教师开始朗读故事。全班同学都静下来了。但是，随着故事的展开，学生发现教师明显地有点控制不住自己了。她的声音在颤抖——不是有意这样做来创造戏剧性的效果。这位教师真正地为故事打动了。学生们感到的是教师在故事力量面前的脆弱性。但他们同样也发现教师对故事的反应也感染了他们。很有趣的是，这些初中生没有一个利用这个情境来取笑教师。为什么没有呢？取笑一个多愁善感的人很容易。但是，这些感情不只是伤感而已。这个故事揭示了人类的真实。所有的学生都被它感动了。

教师感到自己最好停下来，她对一位学生说："你能从这接着读下去吗？"当故事读完之后，教师发现许多学生都被故事感动了。有一些学生很快地用手指擦擦眼睛，还有一些学生低下头，不愿让人看到他们被感动的样子。教室里寂然无声。接下来的沉默不是注意的沉默，也不是等待的沉默或服从的沉默。它是这样一种沉默，使得故事余音尚在，让人反思，与某种深层有力的东西达成和谐。

案例2　肯尼变得激动起来。他匆匆忙忙地写完了指定的作文，但教师指出他并没有真正写好。他跳过了几个部分，也没有检查拼写，而且他的字迹潦草。教师试图让肯尼理智些。"你同意你能做得更好些吗？"教师这样问道。可是，肯尼拒绝同意。他很可能将教师让他理智些的要求体会成不合理的了。"我不会再写一遍的。"肯尼毫不动摇地说。但是教师坚持，她不会接受没有达到肯尼的标准因而没有做完的作业。她对肯尼说："瞧，假如你没有能力做到比这更好些，那么我就可以接受它。但是，我知道你，肯尼。我尊重你的智力和能力。在我的脑海中，你是一个好学生。"肯尼气愤地回到座位上，炫耀地拒绝继续做作业。他坐在那儿，做出挑衅的样子，两个手臂挽起来，合上书本，眼睛直视前方，嘟哝着说他已经受够了！有些孩子惊奇地看着他。肯尼在显示对峙和抵抗，他肯定要有麻烦了。但是，教师似乎对肯尼不理不睬。她将注意力转到其他同学那儿。她知道肯尼。他有一种自傲的性格和强烈的自尊心。肯尼不喜欢别人告诉他该怎么做。然而，教师接受肯尼的针锋相对的挑战既对肯尼不好，也不利于课堂的气氛。

教师了解肯尼破碎的家庭生活背景。她希望能够充分鼓励肯尼，因此她从某种意义上是在要求肯尼充分地投入——以积极的一面充分展示自己的能力。她回避了对肯尼的对峙作出直接的反应。教师保持着沉默，不理睬肯尼的装腔作势。过了好一阵肯尼才冷静下来。这时，教师用眼角的余光望去，注意到肯尼终于重新打开书本，继续做作业了。肯尼很固执，但也很聪明。他开始明白了一项作业"真正地做完"意味着什么，也明白了标准与他自己对教师的态度有关。很可能下次他将作业给教师看的时候，他的作业会有很大的改进。

【教育家的观点】

沉默自然是机智的最有力的调和剂之一。在机智的交流中，沉默可以以不同的方式起作用。比如说，有"无声胜有声"的沉默。这是"沉默的谈话"的机智，在这样的谈话中，唠叨很不适宜。多余的提问也只会打扰和伤人。"谈话"一词的词源词根有"一起生活、相联系、陪伴、相识"的含义。话语的噪音会影响你"听见"那种陪伴式的对话可以带出的那些事情。在良好的谈话中，沉默与语言同样重要。机智知道沉默的力量，也知道何时保持沉默。

此外，还有一种给予的沉默，它给孩子们自己认识和成长留下了空间。这种沉默不仅仅是以语言的空缺为特征。相反，它是一种耐心的等待——就在那儿，同时维持着一种期望的、开放的和信任的气氛。它可能涉及一种默默的信任式接受（而不是去审视或探求孩子的情绪），或者是一种果断的转开（而不是真正的离开），或者是静静地让它过去（而绝不是忽略不管），或者是一种非打扰性的出现在你面前（而不是为了特意去展示你的出现是为了孩子）。自然，机智的沉默不应该与否定的沉默相混淆。否定的沉默给某人以沉默的对待，如成人惩罚性的沉默或孩子挑战性的、报复性的沉默。

最后，还有那种聆听的沉默。这是一种对年轻人的思想感情的全心全意的注意。机智的沉默并不是指你有系统地、有条有理地拒绝说话，而是你认识到有些时候，不发表自己的意见、看法、建议或任何评论要更加重要些。

[以上案例与观点分析自《教学机智——教育智慧的意蕴》（马克斯·范梅南著，李树英译，教育科学出版社，2001年6月第1版）摘录整理]

【我的感悟思考】

沉默的旨趣

沉默是金，这儿没有喧哗与符号的填塞，没有歧义与芜杂的困扰，有的是心灵的清明透澈，涵义的渊深精广。真正深入心灵、化育心灵的触及精神领域的教育的最伟大的艺术是——不立文字，不经言语，一切尽在不言之中。盈盈相视间，脉脉不须语。沉默的意蕴在于于无声处听惊雷。超越语言的束缚，在无声见到无限。我们真切地明白这么一个简单而丰富的道理：心灵的沟通，语言是一种联通的方式，如果除却语言的樊篱，生命的融通可能更无挂碍，更无阻隔。

然而，我们总是读不懂沉默。有时，面对沉默我们显得手足无措。在许多人眼里，沉默如无法化冻的冰山，或如无以驱散的阴影。因为，我们害怕沉默会让自己的心跳紊乱，情绪无以安定。潜心回到课堂的每一瞬间，我们努力探听沉默的奥秘与基调：有否定的沉默、有对抗的沉默、有敌意的沉默、有会意的沉默、有思考的沉默、有休整的沉默……在千变万化的沉默的课堂教学信息中，教师如何做出恰如其分、恰到好处的回应呢？

一、阿莫纳什维利的课堂启示

阿莫纳什维利善于在课堂上倾听学生的心灵的脉动，以教育家敏锐的嗅觉来触抚沉默中的内蕴。他请一位叫纳托的学生有声有色地朗诵。纳托的朗诵声停息了下来。孩子们似乎根本不相信故事已经结束,期待着纳托继续朗诵——就这样,大家在一片肃静中默默坐了足足有2分钟之久。接着,有人偷偷地,有人大模大样地开始擦去自己的泪水。在这之后,应该怎么办呢?提出几个问题,让孩子们回答并讨论故事中那个凶恶的男孩的行为?他非常残忍地欺侮了身体孱弱的小音乐家。离下课还有三四分钟时间。该讨论吗?也好,阿莫纳什维利决定就这么办:"孩子们,这一次如果你们每个人都自己去思考一下故事的情节,也许更好些?"就这样,全班在默默无言中度过了课上的最后几分钟。

在一些惜时如金、争分夺秒的教师眼里,阿莫纳什维利似乎是在浪费时间。回想我们的日常课堂教学,许多时候,最后几分钟教师不是声嘶力竭地讲解,就是马不停蹄地在黑板上奋笔疾书中午的作业,或者是虎视眈眈地监视着每一个孩子是否在做小动作,或者是劈头盖脸地大加训斥。训练孩子们要善始善终,坚持到课的最后一秒钟……师生们都忙着"最后的搏斗"。然而,我们常常因小而失大,为了外显的珍惜时间努力学习,而忽视了感动的沉默,忽略了寂静的意义。教育的本质在于以情氤氲人性,传递人的气息与热度,教育教学就是不断地感动自己、感动他人并被自己与他人所感动。在孩子们的心不断地溶化、溶解的时刻,敏感而细腻的情感不断地得到陶炼。我们认为此时无声胜有声。

美国教育家帕克·帕尔默在《教学勇气》这本书中说道:"在真正的教育中,沉默是作为一种学生需要内心世界工作时值得信赖的母体,是适合更深层次学习的一种媒介。"

沉默有着令人回味的深刻意蕴。同时,沉默有时也可能中止孩子们沸腾的精神生活及智力生活的乐趣。

由于沉默含义的复杂性与不确定性,教师们常常左右为难——应该沉默还是应该言语?让我们回到课堂生活的场景:当学生做作业时是自己在那儿默默地做着,还是喋喋不休地评述?当学生们因情感的震撼陷于内心的沉默时，教师是让空白更有意味，还是迫不及待地开始"重要"的教学任务？……

二、用明敏的心来阅读沉默，破解沉默的密码

有时沉默是智慧的内敛，类似于"智者不言，言者不智"；有时沉默是思绪的流动与漂洗，诸如"此中有真意，欲辩已忘言"；有时沉默是情感的含藏，就像"执手相看泪眼，竟无语凝咽"；有时沉默是内心隐秘的护佑……沉默有着谜一般的难以捉摸的意象。明敏的教师会用心解码来自沉默的秘语，且明智地知道，何时进入情境，进入情境多深，何时撤出情境，并作出适切的回应。

有位教师的课堂观察，能让我们进入沉默的深层意蕴，一起深思沉默对于成长的建设意义。

这是一节关于以"幸福"为话题的习作指导课，课上教师引导孩子回忆自己曾经拥有的"幸福"，孩子们群情激奋，畅所欲言。

生$_1$：自己衣食无愁，生活非常安逸，与灾区难民相比自己是多么幸福。

生$_2$：记得那次我参加"华龙杯"作文大赛获得了二等奖，老师带着我一起坐车到莆田去领奖，老师很关心我，一路上一直问我冷不冷、饿不饿，这让我感到很幸福。

生$_3$：我爸爸常带我出去玩，记得有一次去山里玩，走到一个洞口，那里面很窄，爸爸二话没说就把我背起来，我很感动，觉得很幸福……

正当孩子们眉飞色舞陶醉在各自往日的幸福时光中时，坐在中间第一排的一个女生突然泪流满面。这异常的情况立即引起教师的注意，她立刻中止孩子们的谈兴，把注意力引向哭泣的女生。教师请哭泣的女生起来说说哭泣的原由。孩子站了起来，但双唇紧闭，只字不提。教师又鼓励说："要不你说说现在最想得到什么样的幸福？讲出来，让我们知道你想要的幸福。大家给她点掌声鼓励。"同学们鼓起掌来，掌声久久不息，每个人都想知道小女孩想要的幸福，都想帮她点什么。

教师很耐心地启发引导，想开启她那封闭的心扉。教师甚至弯下腰，把耳朵凑到孩子的嘴巴旁，让她悄悄地诉说。但伤心的孩子仍旧沉默。怎么办？正当教师一筹莫展的时候，同桌的小女生轻声地说："老师，我知道，她爸爸妈妈只喜欢她弟弟，不喜欢她。"是这个原因吗？教师想得到哭泣女生的肯定，但孩子依然沉默着。最后教师说："究竟什么原因，让她感受不到幸福，她不愿意说，但从她的眼泪我们读懂了，这时候爸爸妈妈给她的温暖就是她最大的幸福。请我们珍惜自己拥有的幸福，也让我们用我们的真心、信心一起来帮她得到幸福。"教师话音一落，掌声再次响起来，同学们个个充满信心，一定要帮助小女孩得到幸福。

　　课后，听课的教师纷纷议论，都说教师很关注孩子，眼里有孩子。当见到孩子哭了，教师当即表示关心，把孩子请起来，让她说原由，甚至弯腰把耳朵凑到孩子的嘴边，同时鼓励其他孩子给予关心。这些细节可窥，教师温柔可亲，给孩子的关怀是无微不至的，同时又机智地激起其他孩子的同情心，让大家体验关心他人的幸福，可谓是一箭双雕。

　　但细细思量，仍觉得这里有许多地方值得思考。首先，孩子泪流满面，让她在大庭广众面前站起来，不会让她难为情吗？其次，让伤心人谈伤心事，是否加重心灵创伤？最后，孩子用沉默拒绝回答，教师千方百计诱导，不会让当事人反感吗？（课余，我曾与哭泣的女孩交流，她不喜欢大家知道自己的秘密，课堂上教师让她说原由，她很难受）这些疑虑，意在讨论教师实施教育时应该考虑当事人的心理感受。每个人都有丰富的情感世界，有的人喜隐，有的人喜显，这与性格关系密切。性格内向者，往往自尊心特别强，他们厌恶有人窥视他们的内心世界，尤其是在众目睽睽下。上述案例的女生，在大家纷纷抢陈各自的"幸福"时，她静静地坐着没有言语，在听述中默默流泪，教师鼓励引导，她始终缄口不谈。从这些反应看，她可能是个不幸的女孩，也可能是个性格内向的孩子。在她伤心流泪的时候，教师引全班同学去关注她，这个关注可能会带来两种结果：一是抚平她的创伤，二是有可能在她伤口上撒盐。教师在不知会是哪种情况时，应该慎思。教师应该从维护孩子的自尊心的角度给予关注，课堂上未必让她开口，但不开口不等于忽视，教师可以于无声处给予关怀。比如，课堂上，孩子畅谈幸福，在孩子眼里幸福是吃好，穿暖，玩得开心，有师长关怀，有父母疼爱，这时孩子突然哭泣，据此，教师可以断定此时的她肯定得不到快乐而觉得自己不幸。教师可以引导孩子说，真正的幸福不单单是快乐……课后再与她交流，了解情况相机引导……

马克斯·范梅南先生的《儿童的秘密》中的一些观点耐人寻味，值得我们细品：我们认识到能够拥有并保守秘密是儿童走向成熟和独立的一个标志，能够与自己最亲近的人分享自己的秘密更是儿童成长和成熟的表现。在他看来，"个人隐私的历史常常也是各种恐惧心理的历史。当一个秘密被发现时，所产生的效果与被人看到自己裸露的身体时很相似。秘密的暴露就像自我中特别亲密而脆弱的方面被发现时一样。被人发现秘密或被人看到在大庭广众下裸露身体都使人产生羞耻、困窘和愧疚感。"从这一逻辑思路出发，教师有没有必要展露并浓墨重彩引导全班同学关注这位孩子"哭泣的秘密"呢？可想而知。

有时课堂教学中的沉默的意味丰富多彩，气象万千。在我的阅读中，其意至少包含：其一是紧张的气氛，其二是尴尬的局面；其三是对抗与敌意的情绪，其四是思考的间歇，其五是生命的节奏，其六是陶醉与感悟的忘情时刻，其七是学生内在生命的挣扎……涵味来自沉默的旨趣，我们将赋予课堂更为深刻的内涵，植育更丰厚的心灵，构筑更多维的教育幸福。

机智促进孩子的学习和个性成长

——马克斯·范梅南的课堂评议（四）

【教育家的课堂观察】

在十一年级的英语课上，每个学生都要给指定的一个短篇故事作出讨论和解释。教师向学生反复解释了通读所有故事的重要性："你当然不会愿意来讨论一篇其他人没有读过的故事吧。这些故事都很有趣，请大家都通读一遍。同时这也是尊重你的同学们。"这点大家都明白。（当教师提到以前常常准备并让学生讨论一些学生根本没有兴趣的阅读材料时，他们似乎吃了一惊）

现在每一个故事大家都读了一遍。每位学生对指定的故事还阅读了多遍。故事的讨论常常是非常生动活泼的，学生的理解既带有个人的看法，又很有见地。就像所有读者一样，学生都往往在自己经历的背景下来理解这些故事。斯蒂芬正在脑海里搜寻词汇来解释罗瑞所讲述的故事，他说尽管故事很有趣，却对他"一点用也没有"。这时，教师请求允许她来解释一下斯蒂芬的观点。教师运用斯蒂芬的话，十分巧妙地阐述了用来娱乐的"消遣文学"和增加我们理解力的"阐释性文学"的区别所在。两者都是很有价值的文学形式。而且，当然，有时对于一个人来说是阐释的文学，对于另外一个人来说却是消遣的文学，因为这个人只觉得故事很有趣，但并不为故事所打动。结果，由于教师的巧妙干预，斯蒂芬和罗瑞两人都发现他们各自对这篇故事的看法得到了教师运用的文学概念的确证。教师也很高兴，因为，为了帮助斯蒂芬和罗瑞澄清对故事的不同反响，她成功地将他们俩的学习稳定在一种他们俩都很可能不会忘记的方式上。他们将明白阐释性的文学是那种打动某个人的文学，但它也可能对另外一个人来说却还不足以动人心弦。我们也许读过这样的一本书，它就像一首余音缭绕的韵律一样，不让我们摆脱出来。我们必须得去理解它。我们将它推荐给朋友们阅读，以期与他们一道来讨论。阐释性的文学是那种让我来理解语篇而同时又好像语篇在理解我的文学。相反，消遣性的文学，可能仅仅因为它给我提供的经历或兴奋才有价值。但是，阅读消遣文学的体验是瞬间和短暂的、易于忘记的，就像在周日下午喝一杯及时的咖啡一样。

在隔壁的十二年级的课堂上，另外一个教师正在口述"阐释性文学"的定义。所有的学生都在将定义写在他们的笔记本上。他们并没有投入到这个术语当中去。在这个课堂上没有时间来使用"学生讨论法"，因为教师感到了为了期末考试而教学的压力。她希望学生能够就阐释性文学的概念对一个多项选择的问题作出正确的选择。然而，很可能这个概念并不能帮助他们理解他们阅读文学的体验。

在十一年级的课堂上学生拥有学习经历的方式与十二年级学生不一样。事实上，后者并没有真正"拥有"这些他们为了考试而死记硬背的故事和概念，他们没有将这种学习转变成他们自己的东西。显然，通过学生讨论这种更为间接地教授英语文学的方法，时间效率并不高，而那种口述笔记和为了考试死记硬背的更加有效的方法却能节省许多时间，甚至还能涵盖更多的课程计划的内容。但是，尽管如此，这种更加有效的方法最终却是失败的，因为学生由此得到的仅仅是更加容易忘记的肤浅的知识。

【教育家的观点】

一、学习上所谓越"有效"的模式从教育学意义上而言常常是最不

令人满意的

  一门具体学科的教学方法对内容获得的方式产生影响。这里不仅仅是效率和有效性的问题。学生和教师的关系也在改变着教育质量。十二年级那个班的教育方法更加控制取向，十一年级那个班的方法更加具有对话性。在十二年级那个班上，教师受到时间效率的引导。而在十一年级的班上，教师则是考虑到学习要与学生生活相关联。所有的教育都是规范性的，问题是教师是否愿意选择教育的规范而不是非教育的规范。

  怀疑论者和最低纲领主义者的"现实"观是以可怕的代价作为基础的，即漠视了他们与孩子们的教育关系的本质。当教育学不再与人的独特性相关时，那么教育就变成一个企业。而在这个企业中，学校成为了"市场"，孩子及其父母则分别成了"顾客"和"消费者"，教师成为"教室的管理者"，校长成为"学校的高层经营者"。这是现代教育学理论有时所采用的语言。它使得学校校长认为他确实就像"工厂的高层经理，与食品超市的经理没有什么两样"。在这种概念构想中，教学等同于"传输教育商品"，课程则等同于"教育商品的传输系统"。在这种教育理论中，教育的原则变成了市场交易中的某种模式。教育被转变成一种使学校更加"高效率"和"有效"地生产的经济方程式。教育学不适合这样一种设计，因为教育学总是首先问："我们应朝什么方向去？"接着问："为什么这样做很重要？"学习上所谓越"有效"的模式从教育学意义上而言常常是最不令人满意的。

二、当我们获得的知识、价值和技术与我们自身的成长相联系时才是真正的学习

  真正的学习从来就不只是纯粹的智力增长：当我们获得的知识、价值和技术与我们自身的成长相联系时才是真正的学习。性格是个人与众不同之处。性格的形成主要是教育工作者的任务。博尔诺夫说："真正可以称作教育这一名称的教育基本上就是性格教育。"许多对教育有过深深思索的人认识到，教育不能只限于给孩子们灌输某种知识和各种各样的技巧。教育学总是关注这个与众不同的人：这孩子是什么样的人，他正在成为什么样的人。

学习的过程是对最初的或多或少的前反思的经历不断发展的解释和说明的过程。儿童和年轻人学习在这个世界上生活以及与这个世界的主要方面进行交流的活动，比如，阅读和文学。尔后，他们学习对这个世界进行反思，尤其是对他们在这个世界上的具体体验进行反思，比如说，通过区分那种作为娱乐来欣赏的文学和那种因为它所提供的见解而为人们所喜欢的文学，来进行反思。我们需要越过一堂课的表面上的品质来观察教师在孩子面前的方式。我们将看到，对课程内容的选择和教师教授这个内容的机智的方法，两者几乎都能产生学习和成长的后果，这将影响孩子的性格和反思以及批判性地理解世界的能力。教育机智促使年轻人形成学习研究的个人责任感。

[以上案例与观点分析自《教学机智——教育智慧的意蕴》（马克斯·范梅南著，李树英译，教育科学出版社，2001年6月第1版）摘录整理]

【我的感悟思考】

有效教学意味着什么

有效教学的终极目标就是"不教而学"，学生能够自主、自觉、自动地学习。陶行知先生早在1919年的《新教育》杂志上就提出："凡做一事，要用最简单、最省力、最省钱、最省时的法子，去收获最大的效益。"而要达到这一目标很显然是需要学习兴趣、学习方法、学习情感、学习效率等要素"穿针引线，铺路搭桥"。就是《学记》中所说的，善学者师逸而功倍。那么，善学不是不学而能生而知之，而是学而知之，学而能之。这就意味着有效教学、有效学习必定是一个有"的"、有"趣"、有"思"、有"法"的整体最优化的过程。下面我们通过一些课堂观察的片段来思考有效的教学的相关要素，也就是"有效"究竟是对什么有效，要如何做到有效？

"井沿"是人教版二年级上册《坐井观天》一文第一自然段的词。我们在听课中发现三位教师都抓住"井沿"这个词展开词语教学，但效果却大相径庭。

片段一

师："井沿"是什么意思呢？

(生有的摇摇头，有的跃跃欲试，有的茫然不知所措)

师：请同学们看看大屏幕。(屏幕上动画演示一只小鸟沿着井口走一圈)

师：现在同学们明白"井沿"的意思了吗？

生齐：明白。

片段二

师：同学们，你们知道"井沿"是什么意思？

生$_1$：井的旁边。

生$_2$：井口的四周。

生$_3$：沿着井口。

师：到底"井沿"是什么意思呢？让我们看看字典里的注释。(课件出示"沿"的几种译法：1. 顺着。2. 按照以往的规矩、式样等。3. (～儿)边。4. 在衣服等物的边上再加上一条边)

师：要选哪一种呢？

生：第三种。

师：同学们，现在大家说说看，今后碰上不理解的字要怎么办呢？

生：可以通过查字典理解。

片段三

教师出示井口的图片，请一生贴小鸟。生把小鸟贴在井沿上。

师：同学们，他贴对了吗？

生：对。

师：他贴的位置就是"井沿"。（相机出示"井沿"一词）

师：现在，谁能说说看"井沿"是什么意思。

生：井口的边上。

师：很好。如果杯子的边上我们可以称为——

生：杯沿。

师：如果是盆呢、桌子呢、河呢？

生：盆沿、桌沿、河沿。

师：你还能举几个跟"沿"有关的词吗？

生：炕沿、碗沿……

思考：一个词连着一颗心。词语教学的背后有高下深浅之别，其一是教意思，就是通过输液的方式进行传递，学生只知其一，不懂得举一反三。其二是教方法，就是通过引导学生"解词"掌握一些切实可行，可以迁移运用的方法，如联系上下文、联系生活、表演、猜测……三是教思维，通过对词语本身的品析联系其在文本语境中的表达作用与效果，体会到解词是为了更好地感思与悟情……有效的教学至少深含着下面的一些意蕴。

一、有"的"

教学一定是有的放矢的行为，任何漫无目的的做法必然是盲人骑瞎马。没有明确的教学目标，教师在课堂教学中迷失了方向，常常会使教学走向南辕北辙的道路。正如于漪老师所说："教什么必须放到课堂教学的第一位来考虑。目标是课堂教学的主宰，用怎样的方法教、师生之间的活动怎样组织和开展，均应紧紧围绕教学目标，为实现教学目标服务。"由以上三个片段可以想到，词语教学单单是指向教学生对词语的理解吗？学生明白词语的意思便大功告成了吗？事实上，课堂中的每一个教学环节的设计都是意味深长的。教学环节的背后应有着更深一层的指向，决不能"那山是山，那水还是水"。每个教学设想的背后核心指向应是学生的学。教学应该为学生的自主发展服务，这就是我们常说的"授之以渔"。词语教学更应该力透"言"而获得"意"。当然方法是可以直接"告诉"的，像第一位教师的做法，但是学生除了收获"井沿"是什么意思外，别无其他，这样的词语教学是孤立的教学，是不适宜的。宋代学者陆世仪说过："悟处皆出于思，不思无由得悟。"也是就说，语文学习中的感悟必须借助有效的思维，没有恰当的思维，任何感悟都是浅薄、虚妄、无根的。第三位教师以"沿"字为点，牵出"沿"的引申义这条线，正是寓学法于语言文字训练，融思维方法于语文学习之中。由此，我们可以得到这样的结论，词语的教学目标分为两个层面：一是显性目标层面，即解决词语的理解问题；二是隐性目标层面，即在理解词语的过程中，训练、提升学生的语文能力。就学生语文学习的实际需要来看，"显性目标层面"只能是冰山上的一角，而"隐性目标层面"应为冰面之下很大的一部分，因为语言文字的训练，语文能力的养成是很费工夫的，也是学生最为薄弱的，所以应该是主要目标。那么，我们的有效教学的目标指向，应该从知识本位转向能力本位再转向素养本位。

二、有"趣"

孔子说，知之者不如乐之者，乐之者不如好之者。这里非常简明扼要地点出了，随着"兴趣""情趣""乐趣"的增加，学习就不断地向更深、更高层次上发展。单调、单一的课堂必然导致学习索然乏味，让人昏昏欲睡。同时，没有新鲜的感受与思维的乐趣的课堂也会对学生的思想进行"催眠"，很难让学生的学习生命显得"欣欣向荣、生机勃勃"。在我们看来，有效必然和有趣水乳交融地融合在一起。当然，我们要深刻地理解这一点：一切为"有趣"而"有趣"的设计绝不是教学而是娱乐与感官刺激。只有内在的乐趣才是深刻的、影响学生学习的持之以恒的动力。如上述第三位教师先让学生贴图，看似简单的行为却蕴含着丰富的教育内涵。若是学生没有理解课文，不懂得小鸟所在的位置，或是不懂得井沿的具体位置，就不会正确贴图。学生会贴，教师就不必多费口舌，"井沿"的理解就水到渠成。接着，教师不仅仅满足于"井沿"的理解，更重要的是由"井沿"牵引到更大的词语空间，"盆沿、桌沿、河沿"的出现不仅增加了学生的词汇量，还涉及语言的习得，语言素养的形成等方面。如同苏霍姆林斯基所说，如果学生缺乏学习的愿望和动力，那么教师的一切计划、一切技巧都将变成"木乃伊"。

三、有"思"

课堂教学应该让学生过一种丰富沸腾的精神生活与智力生活，任何一种冷冰冰的、水波不兴的、没有思想对流与思维运动的课堂都是对学生智力生活的一种伤害。如上述第一位教师采取直观具体的课件演示，把"井沿"的意思展示得淋漓尽致，学生立刻明白"井沿"的意思。但是，看似形象生动的课件却如甜蜜毒药，将孩子对"井沿"词语的敏感性扼杀，剥夺了孩子思考的权利，不假思索的理解无异于饮鸩止渴，它代替不了孩子思维深度的开发。余文森教授指出，课堂表面热闹和热烈可能损害教学的内在功能，失却教学的真正价值，因为这种表面热闹、热烈好像水面上的泡沫，学生并没作深入的思考，思维深处依然是一潭死水，常是"买椟还珠"，舍本逐末。没有思考力的学习是对心智的麻痹，也就不可能对学生的内在成长有利。所谓的"学而不思则罔"，一无所有、昏昏沉沉谈何有效学习？英国著名的思想家罗素指出，教育就是在教师的指导下让学生学会自主思考。可以这样说，学生思考的强度与深度很大程度上决定了课堂教学的"效"度。

四、有"法"

书山有路勤为径，同时也需要"法"为径；学海无涯苦作舟，同时也需要"乐"作舟。怎么学得有情有趣，有效有益，很显然离不开有方有法。任何一门课程，其目标开放灵动，内容丰富多彩，如果不讲究"学法指导"，学生们常常一节课下来觉得如"盲人摸象"，学得一些似懂非懂的东西，细加追问则是一片迷茫。学法指导至关重要，事关学生后续学习与终身发展。英国著名的教育家斯宾塞认为，方法是最重要的知识。在学习中，如果无"法"可依，那么就会流于无门而入，不知所之。如上述第二位教师先让学生从自己的角度理解"井沿"，接着在众多纷繁的信息中选择正确的答案，最后总结理解词语的方法。应该说，从教学技术层面上比第一位教师更先进一步。从理解词语到理解词语的方法的提升，对孩子学习方法的指导也更到位。当然，学法的指导必然是和知识、情感及思维过程紧紧相连的。

　　有效的课堂教学如果是一朵花的话，那么，关于课堂教学中的情、理、智、趣、法等就是这朵花的每一个花瓣，只有相辅相成、相映相衬才能形成花的绚丽多彩、婀娜多姿。就如同于漪老师在《语文课堂教学有效性浅探》一文中指出："衡量语文课堂教学的有效性不是看课上得如何漂亮，如何热闹，如何掌声雷动，而是看学生学到了什么，知识有无增长，能力有无锻炼，求知的主动性如何，思想情操方面有无泛起涟漪，乃至掀起波澜，受到文本感情的感染。"

十、佐藤学

佐藤学（1951—），日本教育学会前会长，倡导创建"学习共同体"，三十年如一日，每周至少两天深入学校，扎根中小学实地观察，是日本学校教育最有影响力的人物之一。

倾听着的教育

——佐藤学的课堂评议（一）

【教育家的课堂观察】

那是数年前，我在广岛县的小学三年级教室里观摩语文课教学的事。教材内容是"冬青树"——深夜里，突然响起了熊叫一般的声音，"大叔"叫肚子疼，"豆太"（人名）顿时被惊醒了。尽管他是个夜晚连撒尿都不敢去的胆小的人，却一下子冲出小屋去给大叔请医生去了。在教科书上画了一幅豆太闭着眼睛跑下山的插图，教师就此提问以展开教学："豆太是怀着什么样的心情在跑啊？"我当时在听课，正在想"一位有经验的教师怎么会问这样没水平的问题"时，坐在教室边上的一个男孩——手不停地淘气，此前的课都没来上过——大声地发言了："豆太他在叫头疼啊！"这个突如其来没头没脑的回答引起周围学生的反驳："叫头疼的不是豆太，是大叔！""而且大叔也不是叫头疼，是叫肚子疼！"可这男孩却坚持不让步："豆太就是在叫头疼！"

教师也被这个"异常"的回答弄得不知所措，于是问："你这想法从哪儿来的呢？""从哪儿来的？"这一问法真是好极了。组织"交响乐团"的教师正是通过把学生与教科书连接起来并把学生与学生连接起来而展开教学的。"连接性的询问"就有可能在教室里生成出什么来。针对教师的提问，那个男孩回答说："因为书上写着豆太整个身体蹦起来跑出去了。"那一瞬间全教室安静了一下，接着就爆发出"真不简单啊"的叫好声和一片欢笑声。其他学生把男孩描绘的情景再"真实"地扩展——夜漆黑漆黑的，豆太和大叔又很穷，住的屋子很小很小。一听到大叔叫肚子疼，豆太一下子从床上跳起来，要不快点去叫医生的话就不行了，所以，他肯定是迷迷糊糊地朝门边猛跑。豆太是"整个身体蹦起来跑出去"的，所以头就碰到门上了。这就是那个男孩描绘的结果。一阵阵欢笑声之后，教师让那个男孩再次注意书上"豆太整个身体蹦起来跑出去了"这句话的意思，相互交谈书上描绘的情景，使教学极有魅力地进行下去。耐心地倾听"异向交往"的话语就能使教学中的交往丰富而深刻地展开，这一教学实例成为了一个可见的典型。

无论什么样的学生的发言或行动，都有他自身的"逻辑世界"。教学进行之后也好，相互交谈之后也好，那个男孩还是说"豆太就是在叫头疼"，反复地说着自己的看法，边说还边比画着还缠着绷带的右手。原来这手是在前几天被树的刺扎伤的，所以从自己的体验出发，他总说豆太也是匆匆地去开门时被碰伤了。这样讲也无不可。

【教育家的观点】

一、服装裁剪与交响乐团

如果确定了教学是以学生的"学"为中心，以与学生的应对为轴心，那么，教师的活动该怎样进行呢？这种教师的活动可以作一个大致的区分，主要表现为两种活动形式。一是与每个学生应对的活动，一是与学生各种各样的想法、认识相互激荡回响的活动。

美国的教师对这样两种活动有着十分准确的语言表现。前者对应每个学生的活动，他们称之为"tailoring"，这个英文单词的意思是服装的裁剪制作。即是说，像按照每个人的身体尺寸量体裁衣那样去对应每个学生的个性，创造课程。而后者是让各种学生的看法和想象相互碰撞激荡，回响共鸣的活动，所以称之为"交响乐团"。如文字所示，好像不同乐器的声音相互协调地鸣响而产生了交响乐那样，在教室里，各种各样的意见、想法相互呼应便产生了如同交响乐一般的教学。

二、 倾听"异向交往"话语

在一个个学生的声音相互回响、相互烘托的"交响乐团"中，十分关键的是交往展开的丰富程度、深入程度怎样。关于这个问题，京都大学的哲学家、诗人伏原资明先生在《词语交往论》（五柳书院）一书中对"交往"的四种分类能给我们以启示。他划分的四种交往类型是：只有一方讲话的"单向交往"、相互交谈的"双向交往"、被拒绝被阻挡的"反向交往"、思路各异的"异向交往"。对照这四种交往，以前教师所进行的交往不过是把"双向交往"过分地理想化，而轻视其他三种"交往"罢了。仅仅追求"双向交往"，使交往的多重性被抹杀了，结果"双向交往"本身不是也变得很单薄了吗？人与人的交往绝不是预成的、调和的、平平静静的。教室里的"交响乐团"也是如此，不可能总是和谐的声音，常常不协调的声音伴随着，这才是自然的。四种交往类型都有各自存在的必要性。

在这几种交往中，倾听"异向交往"的话语尤其重要。在讲台上授课时，不管怎样，教师总是容易按自己的思路来听学生的意见。与教师的思路岔开的"异向交往"的话语，由于是教师难以了解的发言，所以特别容易被忽视。而一旦被教师忽略或排除在外，那个学生就再不会有第二次发言了。因为无论谁都喜欢被肯定，而不愿意自尊心受到伤害。可以说，在教学中没有比倾听"异向交往"的话语更重要的了。

在异向交往的话语中，如果把探究那个学生自身的"逻辑世界"作为一个课题的话，教室里的交往就能有声有色地开展起来。相反，如果教师对不同思路的话语不敏感，那教学就只可能顺着教师的路数进行下去，交往也就只能停留在表面上，变得非常肤浅和单薄。对教师来说，每一个学生的想法和头脑中的表象都相互碰撞、呼应起来的"交响乐"本身，乃是教学的最大妙趣之所在。通过"交响乐团"式的教学，每个学生之间富有内涵的相互学习是否能够开展起来，与教师是否尊重每个学生微妙的个别差异，是否能够洞察其差异之间相互学习的可能性是分不开的。

[以上案例与观点分析自佐藤学的《静悄悄的革命》（李季湄译，长春出版社，2003年1月第1版）摘录整理]

【我的感悟思考】

倾听学生思维的创意

倾听是一种智慧，它引领生命超越我行我素、自以为是的封闭；倾听是一种境界，它造就涵容万象、兼收并蓄的人生气度；倾听是一种思想，它涵摄着沉思默想、贯通物我的明达——教育中真正的倾听，是一种心灵美好的相互期待与相互唤醒。

美好的倾听，不是言语与耳膜的漠然的物理接触，而是内心追随着语言中潜含的情绪、思想、感悟，并细腻的有节律的舒张。如同贝壳在细致地吮吸着起落的潮音，也似木耳在谛听幽静山间的鸟鸣与涧声，如同树叶沉静地倾听阳光的细语与温谧……

教师真实的倾听，不是仅用耳朵在工作，更多的是心的敞开与吸纳，只有心灵才能发现外在肉眼等感官看不到、听不到、摸不到的最珍贵的东西。竖起心灵的耳朵才能抵达言词不断延伸的世界。

想起有位教师在上《凡卡》一课时的一个小片段，感慨颇深。他在引导学生一起分析"'在写第一个字以前'凡卡为什么要看了一下那个昏暗的神像"时，让学生们进行小组讨论，而后再展开全班交流。有个孩子说："老师，我觉得凡卡不是想求神像保佑，他在鞋匠家受尽了非人的折磨，神灵从来就没有保护过他。我想凡卡的心里是恨透了神灵。你看，他不是'斜着眼'看了一下那个'昏暗的'神像吗?"教师一愣,这显然与教参中的答案大相出入(教参中分析凡卡是想求神灵保佑自己写信不会被老板发现),他不置可否地问全班同学还有什么想法。那个满心兴奋的孩子悄无声息地坐下。有个学生说:"老师,我想可能老板经常在神像面前打凡卡,因此凡卡一看到神像就毛骨悚然。"可这还是与教师心中的想法不相吻合,他又轻描淡写地说:"还有吗?"终于有一位女同学站起来说:"凡卡是想祈求神灵保佑自己写信不会被老板发现。"教师一听有如获"我"心之感,忙连声表扬"好",并一字一顿地把这位女生的话再重复了一遍。坐在后排的一位男同学小声嘀咕:"其实凡卡在写信之前就是随随便便看了一下神像。因为天黑,他又点着蜡烛,因此神像才显得昏暗。凡卡才九岁,怎么会那样地头脑复杂。"……老师没听到,依然一成不变地沿着教案设计一丝不苟地上课。其实,细想几位孩子的"恨神像""因为担惊受怕""随便看一下"的说法,完全是"言之有理,持之有故",孩子们完全能"自圆其说,自创一体",然而,教师却充耳不闻,或置若罔闻。学生的思维空间如此宽广无边,他们的回答透露出各自思维的独特性。在教学时,教师只有关注了孩子独特的思考方式,尊重孩子的思维差异,才有可能创造出丰富多彩的课堂生活。课堂中学生思维火花的迸发是一闪而过、稍纵即逝的,如果,我们无法"耳"明手快地探测到学生内心最隐秘、最复杂的角落中心弦微颤的波动,那么,生命中的一些不期而至的精彩就会与我们擦肩而过。

成功的教育者往往就是一个忠实的敏感十足的倾听者。他能够于平坦时见丘壑,在纷涌而来的"学生信息"中嗅出"创意的含量与气息"。苏联著名的教育家赞科夫有一次举行小学数学教学公开课,教学的任务是引导学生学习从连加向乘法的过渡。他出的一道题目是:7+7+7+7+7+7+3=?赞科夫的意图是引导学生得出 $7\times6+3$ 的方法。但出乎意料的是开始一个同学说:"我可以用 $7\times7-4$ 的方法来计算。"在《教学与发展》这本书中,赞科夫回忆到:当我听到这一方法的时候,我非常激动,这个孩子非常了不起，她看到了一个不存在的 7，她发现了数学的本质。既然孩子已经具备了认识数学本质的能力，我们为什么还要按部就班地进行教学呢？如果我们忽视学生的发展水平，忽视学生发展潜力，就等于犯罪。于是他推翻了自己准备的教案，对这位孩子大加称赞并调整思路从这个不存在的 7 讲起。这个"不存在的 7"，孩子并没有很明白地讲述，我们未必能如此敏感地触昧其间深刻的内蕴。如果是平常我们老师上课，我们可能会轻描淡写而过，或充耳不闻地继续我们预定的教学环节。而赞科夫用他那颗七窍玲珑的心探获了简单的数字背后的景深。这样的真切与意味深长的倾听及教学机智令人叹为观止。因为具有对数学和数学教学本质的认识，所以，他对于学生思维上的创意与跳跃性可以心领神会并大加褒扬。善于倾听，可以于细微处听惊雷，可以于寻常处见奇崛，可以于众人忽微间显意趣……

　　善于倾听的教育者，可以准确无误地透视学生思维行走的路径，感受到学生的困惑、疑惧、犹豫、感奋、欢欣……善于倾听，就不会迫不及待地将已知的答案一览无余地和盘托出，而是，努力倾听学生思维的激荡。善于倾听，就可以睿智地见证孩子头脑中神经细胞的运动状态：学生在积极地思考着，由满腹狐疑而半信半疑，由半信半疑而将信将疑，由将信将疑而置信不疑——信仰与思想的力量就是这样培植而成的。佐藤学先生在《静悄悄的革命》一书中提到这样一个案例：菅野先生在科学课上，让四年级的学生通过实验来确认"云是怎样产生的"。实验进行了不一会儿，烧瓶里的水沸腾了，水蒸气从玻璃管中喷出来。看到这种现象，每个学生都用各种各样的语言来表达各自的发现，有的说"烟冒出来了"，有的说"不是烟，是热气"，有的说"这热气变成白色的了"，也有的说"这热气就叫做水蒸气"。在这过程中很有意思的是，每一个人的发现与所表达的语言在教室中连锁地产生出来。例如，第一个喊"啊，啊"的是菅野先生。这"啊，啊"的声音表示他并不是漫不经心地在进行实验，而是表现出在观察实验过程中有所发现的态度。随着他的叫声，孩子们发出了上述声音。开始时，"水蒸气"这一概念只有一部分学生知道，不久，每个学生都开始使用这一词汇了。菅野先生就是在倾听中发现，学生是如何把这一词汇变成自己的语言来使用的。科学的认识就是这样在合作交流中建立起来，然后再由每个人将之内化为个性化的认识。这一过程是水到渠成、瓜熟蒂落的，毫无教师的灌输与强制。菅野先生高明之处便是引发学生相互倾听，在倾听中视界融合，认识重叠。倾听就是内在的对话，吸人之长，启己之思。

教师置身课堂中，生活在学生之中，其不加省思的心常常会被语言的外壳堵塞，两耳失聪，于是无法探触沸腾的精神生活的温度，也不再感知到智慧在学生的大脑中如何挣扎，如何被阻断，又是如何艰难地突围而出的……教师成了课堂的局外人，无法走进学生的生命世界。真正的课堂教学中的倾听就如同多尔谈到的，在文本和读者之间、教师和学生之间、经验和意识之间"协调信息"。"'协调信息'的过程中每一方积极地倾听"，这常常表现为生命与生命的交融，心灵与心灵的和鸣，视野与视野的融合。

唯有尊重创意的教师方能倾听出学生思维的创意。唯有"读懂"学生的"思维脑图"的教师，才是成功的教育者——他能由言近倾听出旨远，由"绿柳才黄半未匀"的初春，听出"万紫千红春满园"！

建构以"学"为中心的课堂
——佐藤学的课堂评议（二）

【教育家的课堂观察】

小林教子老师这一天的公开课内容是"比例"。尽管已是六年级，但很多学生还是害怕学习分数。即便如此，小林老师还是想认真地上好这堂课，于是他将这节课定位成"多样的思考相互交流，充分共同探讨"的课。"有一瓶840毫升稀释的橙汁。水和橙汁的比例是5∶2，水和橙汁各占多少毫升？"在前节课上学生已把自己的解法写在海报纸上。学生用了四种方法求解。本课时的教学目标是，通过交流这四种方法，理解"比"的量的意涵与运算的意涵。小林老师询问道："请谁解释一下。"几乎所有学生都静静地举起了手。一开始，教师点名让绫子回答，她在海报上用了最简单的运算方法。被叫到名之后，绫子就急急地撤了手，小声地说："能够解出来，但我解释不了。"小林老师表态说，可以稍微等一等。这时，别的儿童就不能举手了。这就是这个课堂的精彩之处。小林老师鼓励绫子说："在海报纸上写着呢。去拿来看看。"绫子畏畏缩缩地站在黑板前，声音小得像说给自己听一样，开始慢条斯理地解释。听解释的学生们回味着绫子的话，频频地点头。绫子的解释是无可挑剔的，她一边展示2∶5的线段图，一边解释算式840÷(5+2)＝120的含义，接着又解释了120×5＝600（水的量）与120×2＝240（橙汁的量）的算式与答案。小林老师满面微笑地说："绫子同学，你说不能解释，还是能的嘛。"突然，坐在第一排的健治面带困惑地向小林老师说道："我完全不懂。"小林老师跟健治说："好好听一听。""谁能代替绫子给健治同学解释一下？"老师要求儿童们举手。第一个站起来解释的是和志。和志运用了绫子的线段图，因为总体是7，是840 mL，所以1份是120 mL；水是5份，所以是600 mL；橙汁是2份，所以是240 mL。和志提纲挈领地做出了解释。健治同学听了这个解释，又重新问了一遍："840÷(5+2)＝120是怎么回事呢？"多半是健治同学不懂式子的含义，他小声说道："如果是我来做的话，总是稀里糊涂的，加减乘除不晓得怎么弄。"原来如此，难怪健治上节课答不出来呢。

　　良子接着和志的话，继续解释健治不懂的算式的含义："水和橙汁是

5∶2，总体是7，在这里括弧中是5+2。"在解释的过程中，健治小声地感叹："哎，太复杂了。"于是，美纪站出来解释道："瞧，上面写着总体是840 mL呢。"健治说："这个，我懂。"因为在问题中写着。听到他的回应，美纪有了自信，于是继续说道："因为水是5份，橙汁是2份，看一看线段图，总体是7份吧。"健治仍然说："嗯，还是不懂。"听到这，美纪也无计可施了。然而，健治似乎终究理解不了840 mL去除（5+2），其得数（120 mL）再乘以5、乘以2的含义。不过其间，健治说了这么一句话："我不懂的是为什么是用乘法。用加法的话，加5次不就行了。"看起来总算有所开窍，不过为此花了近20分钟的时间。当小林老师确认了健治总算明白之后，调侃道："本来准备花3分钟的时间，却花了20分钟。"课堂重新沉浸在明媚的笑声之中。

接着美智子在黑板上贴上海报纸，展示了第二种解法。先设 x 为橙汁的量，则列式为"$x \div 840 = \frac{2}{7}$，$x = 840 \times \frac{2}{7}$"。同样，设水的量为 Y，则列式为"$Y \div 840 = \frac{5}{7}$，$Y = 840 \times \frac{5}{7} = 600$"。在这里，许多学生摸不着头脑了，多数学生对代数式的解法一无所知。小林老师补充道："大概有点不懂吧。"健治立刻嘟囔着说："不是有点不懂，而是完全不懂。"几乎全班同学完全落下了。而后，学生们几度对美智子发出了疑问和回应，美智子做出了这样的解释："$6 \div 2 = 3$，$2 \times 3 = 6$，所以，若 $x \div 840 = \frac{2}{7}$，则 $x = 840 \times \frac{2}{7}$"。这时，儿童们终于跨越了障壁。当然，健治也不再疑问了。

牧子提出的第三种解法更加简洁和凝练。在线段图上把总体设定为1，于是得出了这样的式子来求解："$840 \times \frac{2}{7} = 240$，$840 \times \frac{5}{7} = 600$"。关于这个解法，半数以上儿童不能理解"为什么总体的量乘以 $\frac{2}{7}$ 或是 $\frac{5}{7}$ 呢"，要求牧子做出解释，但牧子的解释没有说服大家。

这时，让小林老师和做观察记录的我始料未及的事情发生了。健治一边嘀咕着"通过线段图就可以明白"，一边走到黑板跟前。"听了我的解释，大家可能更糊涂了。"他一副抱歉的样子解释起来，"我想，在这里总体是 840 mL。那么，这是 5∶2，所以，把分母作为总体的话，就成为 $\frac{5}{7}$ 和 $\frac{2}{7}$ 了。这儿是水 $\frac{5}{7}$，这儿是橙汁 $\frac{2}{7}$。这样，用 840 mL 除以分母 7，乘以 5，就是水的量；乘以 2，就是橙汁的量。瞧，更难懂了吧，对不起了。"

说完，健治回到座位上。大约 1 分钟的时间，这节课达到了最高潮。小林老师问道："谁听懂了？"所有的人都举起了手。"总算明白了"，"明白了"，"真过瘾"。尽管如此，健治还是小声说："对不起，更难懂了。"不过，却又笑逐颜开地说："我也完全弄明白了。"于是，这一节课就这样结束了。另一个解法决定留待下一节课探讨。

回顾整堂课，我们可以清清楚楚地体会到这节课的律动。健治面对最大的障壁与其说是对"比例"意义的理解，不如说是对"分数"意义的理解。这是课堂里的学生或多或少的共性问题。健治在前 20 分钟里借助与伙伴的沟通克服了这个困难，他最后的解释活用了之前所学，再次与伙伴进行了沟通。"不懂"的儿童活跃的课堂正是教师们接受这些"不懂"的儿童，为这种律动的课堂做好了准备。

【教育家的观点】

课堂改革在广泛而深刻地进行。倘若是在十年前，活跃的意见交锋、教师以巧妙的提问与诱导展现戏剧性高潮的课堂会被赞不绝口地捧为"优秀"的教学。然而在今日，即便呈现了议论风生的教学，在许多教师看来还是有些不伦不类的感觉。教师们追求的课堂教学的形象变了。在我参观的学校里，令几乎所有教师着迷的教学是在娴雅的关系之中相互倾听彼此心声，每一个人的细腻思考得到细致的交流的教学。能够紧扣当今教师心弦的教学绝不同于以往那种受到喝彩的、热热闹闹的、华而不实的教学，而是借助纤细的交响展开的、静悄悄的、返璞归真的教学。

一、合作学习促进真实学习的发生

首先看"學"（学）字的上部，其中间的两个×表示"交往"的意思，上面一个×表示祖先的灵，也就是和文化遗产的交往，下面一个×表示学生之间交往的样子。那包着×的两侧，形为大人的手，意味着大人千方百计地向儿童的交往伸出双手，或者说，表示大人想尽办法支持学生在交往中成长。这就是"學"字上部的结构，这一字体显示了对以儿童为中心的交往的支持。

合作学习的教学是由每个个体的互动所形成的意义链和关系链构成的。教材与学生、教材的语言之间、多重的意义之间的联系，儿童与儿童之间以及今天的儿童与昨天的儿童之间，课堂上多元的、多层次的联系如同织物一样编织在一起。

在合作学习的课堂里，每一个儿童与教师一道奏响着同声相应、同气相求的交响曲。借助心心相应的交流，在交响的课堂里酿成互相倾听关系的润泽氛围。于是柔和的声音与柔韧的身体促进着个体与个体的交流，为合作学习、探究学习的课堂提供了准备。学习是同新的世界的"相遇"与"对话"，是师生基于对话的"冲刺"与"挑战"。挑战学习的儿童是灵动、高雅而美丽的。

二、尊重每一个儿童的学习权

追求"好的教学"的教师往往通过串联"好的发言"来组织教学，其结果是将儿童的思考区分为"好的"和"不好的"。教师的责任不是进行"好的教学"，而是要实现所有儿童的学习权利，尽可能提高儿童学习的质量。只有认为每个学生的思考和挫折都是了不起的，并且认真倾听每个儿童的低语或沉默，才能获得教学的立足点。所以，创造性的教师总是能够接受儿童的多样性和教材的发展性。

在儿童中培育相互倾听关系的第一个要件就是教师自身悉心倾听每个儿童的心声。要培育相互倾听的关系，除了教师自身成为倾听者之外，别无他法。教师要像采撷珠宝一样珍视每一个儿童的发言。

创造合作学习的教师往往把边缘化的儿童作为课堂沟通的中心来对待。诸如那些在学科学习中有困难的儿童、不能融入课堂教学的儿童、难以参与课堂学习的儿童，无论在哪个课堂上都不乏这种边缘化的儿童。从这种边缘化的儿童与其他儿童之间的落差中可以洞察到合作学习的可能性。尽管如此，能够以边缘化的儿童为中心来组织教学的教师毕竟不多。要进行以边缘化儿童为中心的教学就需要教师对每一个学生的尊严有深切体验和共鸣，首要的是教师要有对每一个学生成长的期待与意志。

在教学中是否能够形成合作学习，很大程度上（将近有七成）取决于教师能否尊重每一个儿童的尊严，而教师的经验与学习的理论、教学的技能不过占了三成的比例。在观摩了众多的公开课之后，我越来越确信这一点。诚实地面对每一个儿童，诚实地面对教材，我认为这两种诚实决定了教学的成功与否，这也正是新教师和资深教师能够实现合作学习的秘密所在。

〔以上案例及观点分析自佐藤学的《教师的挑战——宁静的课堂革命》（钟启泉、陈静静译，华东师范大学出版社，2012年5月第1版）、《静悄悄的革命》（李季湄译，长春出版社，2003年1月第1版）等摘录整理〕

【我的感悟思考】

寻找与创造深刻的安静

从热闹喧嚣的校园环境中突围而出，去探寻一种心灵的宁静与智慧的安静，这对习惯于表面的"活泼生动"的课堂生活的教师来说，的确是一大挑战。在无序的吵吵嚷嚷之中，我们误以为这是"热烈"的学习，仿佛不这样不足以表现对学习的"热情"与"热心"。于是，在学习史的转向过程中，我们从"死寂"的"死气沉沉"的静坐不动，转向于"躁动"和"乱动"，并以之为学习之真原。现在认真反思下来，学习要回归到静思的状态。这一过程即是所谓的由静之动易，由动之静难。我们要仔细研读"静"的内涵与意蕴，这里的"静"意味着平心静气的"静"，"万物静观皆自得，男儿到自方豪杰"的"静"……教师和学生要倾听来自生命深层的安静：心灵的安静、精神的安静、思维的安静。"这种宁静的革命，在学习方式上表现为从各自呆坐的学习走向活动性的学习，从习得、记忆、巩固的学习转向探究、反思、表达的学习；在教学的方式上表现为从传递、讲解、评价的教学转向触发、交流、分享的教学。"那么，如何创造出这种安静的智力生活与心灵生活呢？

以"倾听"为中心

倾听的教育学，就是心灵的教育学，尊重的教育学，细腻的教育学。它意味着舒张全身心的每一感官，调动每一感应神经的细胞，明悉学生的细微的举动言语及变化过程。同时，它让学生之间学会以敏感的心灵来面对与倾听同伴间的心声，深切地倾听自己生命深处发出来的声音。教育教学因倾听而深刻，因倾听而精微，因倾听而温暖……佐藤学先生指出，"以杰出教师著称的黛博拉·梅尔在其1996年的著作中写道：'教的活动大半存在于倾听之中。'确实，杰出教师无不在课堂里把精力倾注到由每一个儿童的声音相互关联而形成的整体声音的倾听之中。"他还引用了杜威的观点，认为在把学校构筑为公共空间的过程中，"倾听"的优先性也非常重要。约翰·杜威在其《公众和公众的问题》（1927年）的最后部分，提及了作为树立公共性的必要条件的听觉的优先性时，做了如下的论述："听觉与生动活跃的思考与行动的联结，比之视觉与生动活跃的思考与行动要紧密而多彩。观看的时候是旁观者，而倾听的时候却是参与者。"观看可能会置身事外、袖手旁观，而倾听则是浸入其中、全心投入。

我们现实的课堂生活中，最为缺乏的就是真实的倾听，多的却是一些似听非听的"捕猎答案"；多的是一些迫不及待的"和盘托出"；多的是一些拦腰截断式的断然否决……如我曾经观察过一位教师上课，其场景应该来说是具有普遍代表性的。我进入课堂观察到她嗓子有点哑，然后是整个班级学生人数非常多。于是，我就开始观察班级中学生"倾听的状况"。教师提出了一个学习任务时，重复了几遍，一次比一次声音响。而学生们都是吵吵嚷嚷的。教师引导学生进行小组讨论交流时一直强调：大家要讨论得更热烈一点，大家说话的声音要更响亮一点……结果班级里面的孩子喧喧嚷嚷的，闹成一片，嘤嘤嗡嗡的。我坐在后排极力地侧耳倾听最后一组四位同学之间在讨论交流些什么。只有一些只言片语，其他的都没听清楚。我相信，小组的成员之间，都无法听得很清楚。教师在课堂教学的进行过程中，也是屡次地说，学会倾听，请安静，别人发言时请注意听讲，请尊重别人……然而，都是无济于事，学生们依然是闹哄哄的……

像这种状况，苏霍姆林斯基先生在其研究过程中曾提出他的看法：对少年的脑力劳动进行的观察使我们得出一条结论，即如果滥用那些有趣的、形象的、鲜明的、花花绿绿的东西，就会导致学生过于兴奋——教室总有人小声讲话和做小动作。教师为了"压倒"学生的嗡嗡声，就得提高嗓门讲课。而这样一来又引起了更大的兴奋。这种兴奋可能使学生一连几节课安不下心来。于是，也就根本谈不上进行正常的脑力劳动了。毫无疑问，使用愚蠢的手段去激发学生的兴趣，这表现出了教育的无知，这些正是少年变成"难教的群民"的原因之一。苏霍姆林斯基认为，喧闹与吵闹是制造"难教学生"的原因之一。

佐藤学先生讲述了他观察到的一个课堂场景：这是静冈县富士市广见小学一年级的语文课。赤洌老师是具有 20 年教龄的资深男教师，乍一看，样子有点凶，但对待儿童们却温暖而柔和，这为 36 名儿童营造了成长和安定的氛围。这次所用的教材是《不可思议的种子》。和以往一样，上课时，还是先让全体学生起立,每个人按照自己的节奏来朗读课文,不是让儿童齐读课文,而是每个人以自己的节奏来朗读,这是很了不起的。只有每个人以自己的节奏来朗读和表达,才能使儿童与教科书语言相遇,唤起儿童的肢体动作。读完的儿童陆续坐了下来。不久,慢慢品读的最后一个人也坐了下来。读完的儿童坐好,一直听着最后一个儿童读完。虽然他们进入一年级还不到半年,但是已经是很好的倾听者了。

培植倾听品性,需要的是教师的耐心而真诚的倾听。"在儿童中培育相互倾听关系的第一要件就是教师自身悉心倾听每一个儿童的心声。要培育相互倾听的关系,除了教师自身成为倾听者之外,别无他法。"在我们的日常教学生活中,我们似乎也是在"倾听",但是,我们不是指向于儿童及其内在的精神世界与思维过程的,而是一心一意地奔着"标准答案"而来的。所有的"倾听"都是用教师心中固有的答案去评判、去诱导学生与之契合。如果做到了这一点,教师便觉如释重负,便觉大功告成。这样的倾听是指出于"知识",是外在的,僵化式的。佐藤学先生所倡导的倾听则是一种内在的、过程性、成长性的倾听。他指出,"倾听"正是教学中教师活动的核心。"倾听"儿童的发言意味着在如下三个关系之中接纳发言。一是,认识该发言是文中的哪些话语所触发的;二是,认识该发言是其他儿童的哪些发言所触发的;三是,认识该发言同该儿童自身先前的发言有着怎样的关联。课堂教学要真正倾听学生与文本的对话过程,学生与同伴的对话过程,学生与自我的对话过程。传统的"倾听"是一种"线状结构",这条线就是由近似、类似标准答案的发言连成的。而佐藤学先生的"倾听"是一种"网状结构",左牵右联、上传下递,四面八方都关涉到学习的意义。这确实是一种细致、细心、细腻的教育学。当然在我看来,除了三者之外,教师还需要倾听的是学生的发言与教师的哪些发言有关联,哪些地方是教师的发言所触发的。

以"信任"为基调

社会的信任危机不断地侵袭与蔓延到学校生活中。人与人之间缺乏真诚的沟通的可能性，缺乏彼此的相互信任。于是，社会时常在困境重重、问题丛生的漩涡中挣扎，学校也在所难免地为社会的一些风气所笼罩，学校中问题重重、困难种种，积弊缠身：什么学习没有动力，什么同学之间恶性竞争，什么校园暴力事件……诸多种种问题，佐藤学认为可以归结为：学校中存在各种各样的难题，这些难题都是因为儿童之间、儿童与教师之间、教师与教师之间、教师与家长之间缺乏信任造成的。"信任"可以说是一切学校改革的核心概念：儿童之间是否相互信任、儿童与教师之间是否相互信任、教师与家长之间是否相互信任。当学校改革遇到阻力的时候，就要使构成学校的所有人之间恢复信任，从而回到建立合作学习关系的改革。我们希望学校能够充分尊重、信任每一位儿童，促进儿童全面的学习与成长。

　　重构信任，重振信心，这是现实的教育与学校必须面对与担负的使命。建立信任的关系首先是我们要学会从内心深处彻头彻尾、彻里彻外地尊重每一位儿童。尊重是教育教学中最重要的"精神元素"之一。我们的每一位教育工作者一开口都说尊重每一个学生，所谓的让每一个学生都能昂首挺胸走路。在现实教学中，我们触目所及的却是学生的尊严处处被威胁、受践踏，学生成了典型的"被侮辱、被压迫、被欺凌"的形象。学生在学校中、在学习中应有的"主人"地位、主体的价值总是淹没在教师强权的阴影之中，学生往往是处于"被学习，被发展，被塑造"之中。因此，苏霍姆林斯基的教育学中倡导的"尊重学生的尊严"，在每一个时代都应成为一个关键词与中心句。佐藤学先生提出，在教师创造教学的力量中，专业知识与教学经验不过是其中三成而已，剩下的七成取决于教师能够在何等程度上尊重每一个儿童的思考与感情，能够在何等程度上引发每一个儿童潜在的可能性。教学创造的七成与教师尊重每一个儿童的尊严息息相关。

要维构信任与尊重的生活气氛,课堂中要以"不懂"为基础进行教学。在传统的课堂中,我们是以串联"好"的学生的"标准"答案来展开教学的。如此一来,那些不懂的学生,那些暂时无法理解学习内容的学生跟不上课堂的节奏,就自然而然被边缘化了,被日常的学习的"前进的步伐"所抛弃。课堂沿着思维敏捷、学习能力较快、较强的学生运转,其他学生就渐渐地被忽略,渐渐地沉默与沉沦。基于此,佐藤学先生认为,在教学中教师在"然后怎么样"的意识之中,总是往"向前"倾斜,而停下步伐"反刍"前段的活动,在全班和小组的讨论中"反"的活动却是寥寥无几的。其结果是,多数的儿童被置之不理,只是借助一部分儿童参与来展开教学的居多。创造合作学习的教师与单向灌输教学的教师的差异就在于是否借助"反刍"保障班级全员的学习。为了真正实现我们"因材施教"的课堂理想,课堂必须以"不懂"为基础来进行教学。也就是以"学生的不懂"和"不懂的学生"为学习的起点来展开。"要进行以边缘化儿童为中心的教学就需要教师对每一个学生的尊严有深切体验和共鸣,首要的是教师要有对每一个学生成长的期待与意志。"佐藤学先生分析道,追求"好的教学"的教师往往通过串联"好的发言"来组织教学,其结果是将儿童的思考区分为"好的"和"不好的"。教师的责任不是进行"好的教学",而是要实现所有儿童的学习权利,尽可能提高儿童学习的质量。以"不懂"的儿童为中心来进行教学就是最大程度地捍卫了儿童学习的平等与权利。同时,也只有这样才能有创造性的教育。"只有认为每个学生的思考或挫折都是了不起的,并且认真倾听每个儿童的低语或沉默,才能获得教学的立足点。所以,创造性的教师总是能够接受儿童的多样性和教材的发展性。"

构筑宁静的课堂,就意味着倾听、交流、合作、反思,就意味着生命的沉淀与灵魂的聚集,就意味着学习的生成与创造。佐藤学先生是这样描述的:"学习是同新的世界的'相遇'与'对话',是师生基于对话的'冲刺'与'挑战'。挑战学习的儿童是灵动、高雅而美丽的。在合作学习的课堂里，每一个儿童与教师一道奏响着同声相应、同气相求的交响曲。"